本书的出版受到西北大学学术著作出版基金资助

参保行为与社会资本
嵌入机制

吴玉锋 著

Insurance Participation Behavior and Social Capital:
Embedding Mechanism

中国社会科学出版社

图书在版编目（CIP）数据

参保行为与社会资本：嵌入机制 / 吴玉锋著. —北京：中国社会科学出版社，2019.12
ISBN 978-7-5203-5568-1

Ⅰ.①参⋯　Ⅱ.①吴⋯　Ⅲ.①农民—养老保险制度—研究—中国　Ⅳ.①F842.67

中国版本图书馆 CIP 数据核字（2019）第 238359 号

出版人	赵剑英
责任编辑	刘　艳
责任校对	陈　晨
责任印制	戴　宽

出　　版	中国社会科学出版社
社　　址	北京鼓楼西大街甲 158 号
邮　　编	100720
网　　址	http://www.csspw.cn
发 行 部	010-84083685
门 市 部	010-84029450
经　　销	新华书店及其他书店
印　　刷	北京明恒达印务有限公司
装　　订	廊坊市广阳区广增装订厂
版　　次	2019 年 12 月第 1 版
印　　次	2019 年 12 月第 1 次印刷
开　　本	710×1000　1/16
印　　张	13.25
插　　页	2
字　　数	198 千字
定　　价	76.00 元

凡购买中国社会科学出版社图书，如有质量问题请与本社营销中心联系调换
电话：010-84083683
版权所有　侵权必究

目 录

第一章 导论 …………………………………………… (1)
  第一节 研究背景与研究意义 ……………………… (1)
    一 研究背景 ……………………………………… (1)
    二 研究意义 ……………………………………… (5)
  第二节 研究问题与研究方法 ……………………… (6)
    一 研究问题 ……………………………………… (6)
    二 研究方法 ……………………………………… (7)
  第三节 研究思路与研究内容 ……………………… (9)
    一 研究思路 ……………………………………… (9)
    二 研究内容 ……………………………………… (10)
  第四节 研究的创新点 ……………………………… (11)
    一 研究视角创新 ………………………………… (11)
    二 研究内容创新 ………………………………… (12)
    三 研究方法创新 ………………………………… (12)

第二章 参保行为理论演进与概念界定 …………… (14)
  第一节 参保行为理论演进 ………………………… (14)
    一 参保行为的经济学研究 ……………………… (14)
    二 参保行为的社会学研究 ……………………… (20)
    三 参保行为的心理学研究 ……………………… (25)
    四 参保行为的跨学科研究 ……………………… (27)
  第二节 城乡居民养老保险参保行为研究述评 …… (30)

一　城乡居民养老保险参保选择研究综述 …………（30）
　　二　城乡居民养老保险参保档次研究综述 …………（36）
　　三　城乡居民养老保险参保忠诚研究综述 …………（39）
　　四　已有研究评述 ………………………………（41）
　第三节　参保行为概念界定、维度划分及其测量 …………（43）
　　一　参保行为概念界定、维度划分及其
　　　　测量的文献分析 ……………………………（43）
　　二　本书对参保行为的概念界定、维度
　　　　划分及其测量 ………………………………（47）

第三章　社会资本理论演进与基本问题 …………………（51）
　第一节　社会资本理论演进 ………………………………（51）
　　一　社会资本研究兴起的背景和原因 ………………（51）
　　二　社会资本的理论流变 ……………………………（53）
　第二节　社会资本的分析层次与测量 ……………………（66）
　　一　社会资本分析层次、概念及其特征 ……………（66）
　　二　社会资本的维度及其测量 ………………………（72）
　第三节　社会资本理论研究的基本问题 …………………（78）

第四章　社会资本与农民参保行为理论基础：嵌入机制 ………（84）
　第一节　社会资本影响经济行为的效用分析 ……………（84）
　　一　社会资本对经济行为影响的正面效用分析 ……（84）
　　二　社会资本对经济行为影响的负面效用分析 ……（91）
　第二节　社会资本与农民参保行为：嵌入机制 …………（93）
　第三节　社会资本概念界定、维度划分及其测量 ………（100）
　　一　社会资本概念的界定及维度划分 ………………（100）
　　二　本书对社会资本概念的测量 ……………………（102）

第五章　社会资本对农民参保行为影响的实证分析 …………（107）
　第一节　社会资本对城乡居民养老保险
　　　　参保选择的影响 ……………………………（107）
　　一　变量测量与处理 …………………………………（107）

二　描述统计 …………………………………………………（110）
　　三　实证分析 …………………………………………………（111）
　　四　结论 ………………………………………………………（113）
第二节　社会资本对城乡居民养老保险参保档次的
　　　　影响 ……………………………………………………（113）
　　一　变量测量与处理 …………………………………………（113）
　　二　实证分析 …………………………………………………（116）
　　三　结论 ………………………………………………………（118）
第三节　社会资本对城乡居民养老保险参保忠诚的
　　　　影响 ……………………………………………………（119）
　　一　数据来源与变量分析 ……………………………………（119）
　　二　实证分析 …………………………………………………（119）
　　三　结论 ………………………………………………………（120）
第四节　社会资本影响城乡居民养老保险参保行为的
　　　　作用机制 ………………………………………………（121）
　　一　基于2010年数据的检验 …………………………………（121）
　　二　基于2015年数据的检验 …………………………………（128）
　　三　结论 ………………………………………………………（133）

第六章　社会资本对农民参保行为影响的稳健性分析 ………（134）
第一节　社会资本对城乡居民养老保险参保选择影响的
　　　　稳健性检验 ……………………………………………（134）
　　一　增加内生性变量的稳健性检验 …………………………（134）
　　二　剔除非自愿参保农民样本的稳健性检验 ………………（141）
第二节　社会资本对城乡居民养老保险参保档次影响的
　　　　稳健性检验 ……………………………………………（143）
　　一　增加内生性变量的稳健性检验 …………………………（143）
　　二　改变分析单位的稳健性检验 ……………………………（145）
　　三　剔除非自愿参保农民样本的稳健性检验 ………………（147）

第三节　社会资本对城乡居民养老保险参保忠诚影响的
　　　　稳健性检验 …………………………………………（148）
　　一　增加内生性变量的稳健性检验 …………………………（148）
　　二　参保忠诚替代变量的稳健性检验 ………………………（149）
　　三　剔除非自愿参保样本的稳健性检验 ……………………（150）

第七章　社会资本在农民参保行为中的应用 ……………………（152）
　第一节　提升农民的养老风险意识和制度认知水平 ………（152）
　　一　提高农民的缴费能力 ……………………………………（153）
　　二　强化农民的养老风险意识 ………………………………（153）
　　三　提升农民的制度认知水平 ………………………………（154）
　第二节　完善城乡居民养老保险制度激励农民参保
　　　　行为 ……………………………………………………（155）
　　一　完善城乡居民养老保险制度资金筹集机制 ……………（155）
　　二　适时改"自愿参保"为"强制参保"原则 ……（156）
　　三　加强对城乡居民养老保险基金的管理 …………………（157）
　　四　建立不同参保水平的梯度补贴机制 ……………………（157）
　　五　优化城乡居民养老保险经办服务 ………………………（158）
　第三节　识别"参保"头羊，发挥"头羊"的参保
　　　　带头作用 ………………………………………………（159）
　　一　利用社会资本的信息获取机制，提升制度宣传
　　　　效果 …………………………………………………（160）
　　二　激励民间组织参与宣传，提高农民制度
　　　　知晓度 …………………………………………………（160）
　　三　借力文艺演出，提升农民参保话题心理效用
　　　　水平 …………………………………………………（161）
　　四　识别参保"头羊"，发挥"头羊"的参保带头
　　　　作用 …………………………………………………（161）
　　五　鼓励领保老人现身说教，强化受益群体正面
　　　　示范作用 ……………………………………………（162）

  六　树立制度良好口碑，提升农民对制度的价值
　　　感知 ……………………………………………… (162)
  七　建立示范社区，实现参保数量和参保质量的
　　　跨社区发展 …………………………………… (163)
  八　强化多支柱养老保障，淡化社会资本的非正式
　　　保险机制 ……………………………………… (164)

第八章　结论与展望 ………………………………………… (166)
 第一节　基本结论 ……………………………………… (166)
  一　社会资本和参保行为的概念内涵具有多维性 …… (166)
  二　社会资本呈现差序格局的分布特征 ……………… (166)
  三　社会资本对农民参保行为具有重要影响 ………… (167)
  四　社会资本对农民参保行为的影响具有两面性 …… (167)
  五　社会资本对农民参保行为的影响机制具有
　　　多重性 ………………………………………… (167)
  六　运用社会资本激励农民参保行为具有可行性 …… (167)
 第二节　进一步的讨论 ………………………………… (168)
 第三节　不足与展望 …………………………………… (170)
  一　不足 …………………………………………… (170)
  二　展望 …………………………………………… (171)

附录1　2010年调查问卷 ……………………………………… (173)

附录2　2015年调查问卷 ……………………………………… (179)

参考文献 ………………………………………………………… (188)

后　记 …………………………………………………………… (204)

第一章　导论

第一节　研究背景与研究意义

一　研究背景

（一）现实背景

在当前农村人口老龄化加剧，年轻劳动力流失和"养儿防老"观念淡化的社会背景下，农村传统的家庭养老和土地养老的保障功能不断弱化，养老保险制度建设成为我国农村地区社会保障制度发展面临的重大问题。作为一项普惠性政策，在合并新型农村社会养老保险和城镇居民社会养老保险的基础上，城乡居民养老保险制度于2014年在全国农村地区推行实施，成为解决农民养老问题的重要制度安排。从2009年开始试点到现在，城乡居民养老保险制度在我国农村地区历时近十年，对农村养老模式产生了很大影响。城乡居民养老保险的出台为我国农民提供了养老保障制度，使农民老有所养，是中国新型社会保障制度发展历程中的里程碑事件。[1] 城乡居民养老保险制度提高了参保老年人的经济独立能力和对社会正式照料的需求，降低了其在经济支持和生活照料方面对子女的依赖，刺激老年人产生与子女分开居住的意愿，促使老年人选择分开居住的行为。[2] 城乡居民养老保险制度减轻了子女养老的经济负担，对家庭代际经济支持产生了一定

---

[1] 郑功成：《中国新型社保制度建设的重要里程碑——论城乡居民养老保险制度的建立与发展》，《中国社会保障》2016年第3期。

[2] 程令国、张晔、刘志彪：《新农保改变了中国农村居民的养老模式吗?》，《经济研究》2013年第8期。

的"挤出效应"。① 城乡居民养老保险制度还改善了参保老人的身体健康、精神慰藉和生活照料状况,增加了老年人的生活满意度和家庭自主权,提升了环境适应能力。②

学界在肯定城乡居民养老保险制度绩效的同时,也指出城乡居民养老保险存在持续筹资难、经办服务难、基金管理难、制度衔接难和制度碎片化等问题。③ 在政府财政支持力度增加和配套政策逐步完善的背景下,宏观制度层面的问题逐渐弱化,而微观层面农民参保行为问题逐渐放大,这也使其成为制约城乡居民养老保险制度可持续发展的主要障碍。城乡居民养老保险在推行过程中以"自愿参加"为原则,因此,制度的可持续发展与保障能力的发挥在很大程度上依赖于农民的参保选择、参保档次和参保忠诚。然而,学界调查研究发现,城乡居民养老保险制度在实施过程中面临一部分农民参保选择积极性不高、大部分农民参保档次偏低和小部分农民参保忠诚不够的现实问题。

黄宏伟和展进涛(2012)于2011年基于全国30省4748个农户调查数据的分析发现,有城乡居民养老保险支出行为的农户仅有2418个,农户参保率只有50.93%。④ 常芳等基于江苏、吉林、河北、四川和陕西5省25县101村2025个农户大样本的调查研究发现,5省城乡居民养老保险综合参保率只有72.99%,四川省参保率最低,只有66.95%。⑤ 金刚和柳清瑞基于东三省的调查研究发现,在参保

---

① 陈华帅、曾毅:《"新农保"使谁受益:老人还是子女》,《经济研究》2013年第8期。

② 程令国、张晔、刘志彪:《"新农保"对农村居民养老质量的影响研究》,《经济学(季刊)》2016年第2期。

③ 范永茂:《新型农村养老保险财政管理问题研究——以某省会城市四个县区的改革试点为例》,《中山大学学报》(社会科学版)2011年第4期;王翠琴、薛惠元:《新型农村社会养老保险与相关制度衔接问题初探》,《经济体制改革》2011年第4期;李冬妍:《新农保制度:现状评析与政策建议》,《南京大学学报》(哲学·人文科学·社会科学)2011年第1期。

④ 黄宏伟、展进涛:《收入水平、成员结构与农户新农保参加行为——基于全国30省(区、市)4748户农户数据的实证分析》,《中国农村经济》2012年第12期。

⑤ 常芳等:《新农保实施现状及参保行为影响因素——基于5省101村调查数据的分析》,《管理世界》2014年第3期。

行为决策中，89.11%的农民选择100元的最低缴费档次。[①] 聂建亮和钟涨宝基于江西、湖北、浙江及山东4省1017个农民的调查发现，93.1%的农民选择最低缴费档次。[②] 有关城乡居民养老保险长期缴费意愿方面的研究发现，农民特别是中青年农民的长期缴费意愿不足，即使参保，中途断保的可能性也较大。[③] 顾文静对广东佛山的调研发现，有持续参保意愿的农民不足50%。[④] 黄瑞芹对湖南两个贫困县的调查也有类似发现，城乡居民养老保险参保率存在下降的趋势。[⑤] 丁煜认为城乡居民养老保险基础养老金和缴费年限缺乏挂钩机制，难以激励农民长期持续缴费，城镇职工社会养老保险中交足15年即停缴的现象可能会在城乡居民养老保险制度实施过程中重演。[⑥] 姚俊对江苏、河南、安徽、四川4省首批开展城乡居民养老保险试点地区的856个农村居民的问卷调查发现，只有79.9%的农民没有中断参保，持续参保行为存在自愿性不足的问题。[⑦] 张思锋等指出城乡居民养老保险制度参保行为存在参保档次就低不就高，参保、续保难和续保间断性等问题，参保行为困境降低了个人账户基金积累速度。[⑧]

党的十九大报告指出，全面实施全民参保计划。全民参保不仅要关注城乡居民养老保险制度的参保数量，也要关注参保质量。农民的参保行为是参保数量和质量的统一。城乡居民养老保险参保行为存在

[①] 金刚、柳清瑞：《新农保补贴激励、政策认知与个人账户缴费档次选择——基于东北三省数据的有序Probit模型估计》，《人口与发展》2012年第4期。

[②] 聂建亮、钟涨宝：《新农保养老保障能力的可持续研究——基于农民参保缴费档次选择的视角》，《公共管理学报》2014年第1卷第3期。

[③] 邓大松、薛惠元：《新型农村社会养老保险制度推行中的难点分析——兼析个人、集体和政府的筹资能力》，《经济体制改革》2010年第1期。

[④] 顾文静：《新型农村养老保险制度参保激励因素分析——基于广东省佛山市的调查》，《人口与经济》2012年第1期。

[⑤] 黄瑞芹：《贫困地区新型农村社会养老保险可持续发展研究——基于两个贫困民族自治县的调查》，《社会保障研究》2013年第1期。

[⑥] 丁煜：《新型农村社会养老保险制度的缺陷与完善》，《厦门大学学报》（哲学社会科学版）2011年第3期。

[⑦] 姚俊：《理性选择、外部激励与新农保连续参保——基于四省的调查》，《中国人口科学》2015年第4期。

[⑧] 张思锋等：《新农保的制度自信与制度发展》，《西安交通大学学报》（社会科学版）2016年第5期。

一部分农民参保选择积极性不高，大部分农民参保档次偏低和小部分农民参保忠诚不够的有限参与困境。农民有限参与造成的筹资难问题是城乡居民养老保险制度可持续发展面临的主要难题之一。在城乡居民养老保险制度规定的"15年缴费年限"和"自愿参与"原则之下，农民的有限参与困境极大限制了个人账户基金积累规模，削弱了城乡居民养老保险制度可持续发展的能力。因此，研究农民参保行为背后的影响因素以破解农民参保行为难题迫在眉睫。

（二）理论背景

已有研究多从参保选择和参保档次来研究城乡居民养老保险制度参保行为，较少探究参保行为概念内涵，在实证研究中相对忽略了参保忠诚，忽略了参保行为是一个多维度的复杂概念。已有研究把参保行为归因为理性选择范式或效用驱动模型。基于"经济人"假设，理性选择范式或效用驱动模型把经济行为理解为是个体在比较和计算投入与产出、风险与收益之后所做出的选择，强调经济行为是出于利益和效用的追求。在这种范式之下，农民的学历、收入、财富、流动性约束、风险态度、参保预期收益等主客观特征都是参保行为的重要影响因素。农民个体的社会人口学特征是理性判断的重要因素。[1] 农民是否选择将城乡居民养老保险作为"退休期"的消费配置也是根据家庭生命周期理性选择的结果。[2] 养老风险意识和期望养老方式等主观心理特点，制度认知、制度预期、制度满意与制度信任等制度属性都是农民参与意愿和行为的重要影响变量。[3] 但理性选择范式或效

---

[1] 穆怀中、闫琳琳：《新型农村养老保险参保决策影响因素研究》，《人口研究》2012年第1期；李越、崔红志：《"新农保"参保决策制约因素分析》，《中国农业大学学报》2014年第2期；罗薇、董西明：《农民新农保参保选择的影响因素分析——基于山东省的调查数据》，《山东社会科学》2014年第7期。

[2] 高文书：《新型农村社会养老保险参保影响因素分析——对成都市的实地调查研究》，《华中师范大学学报》（人文社会科学版）2012年第4期。

[3] 王志刚、周永刚、朱艺云：《"养儿防老"与"新农保"：替代还是互补——基于福建省厦门、漳州和龙岩三市的问卷调查》，《中国经济问题》2013年第6期；封铁英、高鑫：《农户流转土地参加新型农村社会养老保险意愿实证研究——基于政策协同的视角》，《中国土地科学》2014年第4期；胡芳肖、张美丽、李蒙娜：《新型农村社会养老保险制度满意度影响因素实证》，《公共管理学报》2014年第4期；侯志阳：《政府信任与新型农村养老保险中的农户参保行为研究》，《东南学术》2015年第2期。

用驱动模型的解释将个体经济行为决策与其所处的社会情境割裂开来，忽视了社会结构的作用。

Granovetter 在《经济行为和社会结构：嵌入问题》中比较了主流经济学和社会学两种逻辑对经济行为解释的不足，提出了社会结构解释范式。Granovetter 认为，主流经济学对经济行为的解释存在社会化不足的问题，过分强调经济行为逻辑背后的利益计算和功利追求；而社会学对经济行为的解释存在社会化过度的问题，把经济行为视为完全受制于过去的社会化过程，行为主体只是机械地按照过去的经验行事。[①] 理性选择范式或效用驱动模型依据经济人假设，将主体的经济行为决策与其所处的社会结构割裂开来，把经济行为理解原子化，忽视了社会结构与行为主体之间相互作用的现实。Granovetter 认为现实中行为主体的经济行为不可能脱离社会结构，也不是完全受制于社会结构，而是嵌入在社会结构之中，行为主体在与社会结构互动的过程中追求多重目标的实现。嵌入理论反映了社会结构与行为主体之间互动的本质，消解了过度社会化和社会化不足的矛盾，使得"嵌入"成为新经济社会学的核心问题。

基于"社会人"假设，社会结构范式认为行为主体的社会属性是经济行为的重要影响因素，经济行为很难脱离社会结构背景，而是嵌入在社会结构之中。基于此，本书旨在构建一个包括参保选择、参保档次和参保忠诚的多维性参保行为概念，从社会资本理论视角分析农民参保行为，弥补传统研究将参保行为局限在理性选择范式或效用驱动模型解释的不足，对农民参保行为给出一个全新的理论范式，以期对农民参保行为给出补充性解释。

二 研究意义
（一）现实意义

城乡居民养老保险遵循政府主导和城乡居民自愿参与相结合的原则。农民作为重要的参与主体，其参保行为在很大程度上决定着制度覆盖面

---

① Granovetter, M., "Economic Action and Social Structure: The Problem of Embeddedness", *American Journal of Sociology*, 1985, 91 (3), pp. 481–510.

的扩展、制度保障能力的提升和制度的可持续发展。从学界对农民参保行为的调查研究结果来看，城乡居民养老保险面临一部分农民参保选择积极性不高、大部分农民参保档次偏低和小部分农民参保忠诚不够的现实困境。农民不选择参保的行为将导致其未来养老不能得到制度保障，参保档次偏低和参保忠诚不够削弱了制度的有效保障能力。农民参保行为现状制约着城乡居民养老保险制度的实施绩效和可持续发展，研究农民参保行为背后的制约因素，对有关部门采取相应措施破解农民的参保困境，提升农民的参保热情，扩大制度覆盖面，提升制度养老保障能力，实现制度可持续发展，化解农村地区的养老风险，促进农村地区社会稳定，推动农村经济社会发展具有重大的现实意义。

（二）理论意义

传统的理性选择范式对参保行为逻辑做出了相对单一的刻画，社会结构范式的提出则弥补了理性选择范式解释的不足，对参保行为提出了补充性解释。作为一种具体的经济决策行为，农民的参保行为是包括参保选择、参保档次和参保忠诚的多维度概念。作为一种重要的经济行为决策，农民的参保行为并不完全是基于收益最大化的理性行为，而是不可避免地受到社会结构及其特征的制约，在其制约下做出有限理性选择。参保行为是社区社会资本这种无形规范调节的结果，而非个体孤立的理性决策。农民的参保行为嵌入在社会资本之中。从参保选择、参保档次和参保忠诚三个维度构建参保行为概念框架，丰富了参保行为概念内涵。从社会资本理论视角研究农民参保行为，拓宽了参保行为研究视角，丰富了参保行为理论研究。本书对农民参保行为给出一个新的概念框架和理论解释，多维性概念的提出丰富了参保行为概念内涵。研究社会资本对农民参保行为的影响，不仅有助于理解农民参保行为过程中社会资本的作用，也有助于对社会资本理论应用领域的拓展和完善。

第二节 研究问题与研究方法

一 研究问题

本书的研究目标是构建社会资本与农民参保行为的理论模型，通过实证分析予以检验，并基于理论与实证分析，从社会资本视角提出农民参保行为困境的破解之道。为实现这一研究目标，需要分析、解决以下研究问题。

第一，社会资本与参保行为的理论演变及概念界定。不同学科中社会资本的概念与理论发展轨迹是什么？本书中社会资本概念及维度是什么？不同学科中参保行为理论发展轨迹是什么？本书中参保行为的概念及维度是什么？

第二，社会资本与农民参保行为理论模型的构建。社会资本影响农民参保行为的作用机制是什么？社会资本具有哪些影响效应？社会资本与农民参保行为的理论模型是什么？

第三，社会资本与农民参保行为指标测量及结果分析。社会资本与城乡居民养老保险参保行为的测量指标体系是什么？测量指标体系的信度、效度如何？社会资本与城乡居民养老保险参保行为的具体测量结果如何？

第四，社会资本与农民参保行为理论模型的实证分析。如何分别检验社会资本对城乡居民养老保险参保选择、参保档次和参保忠诚的影响？如何分别检验社会资本对城乡居民养老保险参保行为的作用机制？如何检验社会资本对农民参保行为影响的稳健性？

第五，如何发挥社会资本对农民参保行为的激励作用。如何从制度参与主体及制度完善层面激励农民参保行为？如何发挥社会资本对农民参保行为的激励作用？

二 研究方法

（一）纵贯式调查研究法

本书采用纵贯式问卷调查法获取第一手数据。自2009年试点推行至今，城乡居民养老保险制度运行近十年，经历了制度试点、制度全覆盖和制度合并三个阶段。伴随着城乡居民养老保险制度的发展和完善，农民所面临的社会环境、对制度的主观评价、客观参保状况也不断发生变化。准确、深入和全面地分析社会因素对农民参保行为的影响，需要通过纵贯式调查研究来描述和分析城乡居民养老保险制度、社会资本和参保行为的发展变化趋势。本研究分别在两个不同的时间点进行了问卷调查工作。

2010年5月至8月进行了第一次数据收集。课题组采用立意抽样的方法在城乡居民养老保险第一批试点地区选择了陕西省的神木县、耀县和山东省的即墨区作为问卷调查的县级单位，采用入户当面访问的方法完成调查问卷1612份。文后实证分析部分有更为详细的样本数据介绍。尽管2010年数据的时新性不足，但因为本书旨在探究社会资本如何影响农民参保行为，所以因果关系的探究对数据的时新性要求不高。本数据具有两大优势：首先，2010年是城乡居民养老保险制度试点推行的第二年，在制度推行之初，农民对制度信息的认知程度不高，独立决策能力较低，社会结构及其特征对其参保行为的影响更为突出，更能满足研究目的的需要；其次，2010年数据较早对社会资本和参保行为进行了调查，围绕此主题也取得了大量的前期研究成果，部分成果发表在《中国农村经济》、《人口研究》、《人口与经济》和《人口与发展》等刊物上，这也从侧面说明了2010年数据具有较高的质量。

2015年6月至8月在全国5省15县（区）进行了第二次数据收集。这些省县（区）分别为：河南省叶县、滑县和汝阳县；陕西省铜川市耀州区、神木县和西安市长安区；山东省即墨市、济阳县和庆云县；四川省双流县、平武县和夹江县；辽宁省辽中县、大洼县和义县。通过采用五阶段随机抽样方法选取样本和采用入户调查的方式进行资料收集，一共获得1500个农户样本。后文实证分析部分有更为详尽的抽样方案和样本数据介绍。2015年问卷调查都紧密围绕社会资本和参保行为主要研究变量进行测量。围绕此主题也取得了大量的阶段性研究成果，部分成果发表在《中国经济问题》、《湖南农业大学学报》（社会科学版）、《西北农林科技大学学报》（社会科学版）等刊物上，部分成果被人大复印资料《社会保障制度》全文转载，这也从侧面说明了2015年数据的质量。

（二）文献分析法

本书运用文献分析法界定概念内涵和维度划分，构建理论模型，提出政策建议。通过阅读国内外经济学、社会学学科相关文献分析社会资本与参保行为理论演变，梳理实证研究中相关概念的测量指标，界定社会资本与参保行为的概念及维度，发展本书关于社会资本与参保行为概念的测量指标；通过社会资本对经济行为影响相关文献的梳理分析，归纳社会资本对农民参保行为的作用机制和影响效应，构建社会资本与农民参保行为的理论模型，对理论模型进行发现式和支持式论证；基于文献分析从制度受益对象、制度本身及制度环境层面提出激励农民参保行为的政策建议，从社会资本理论视角提出政策建议。

（三）定量分析法

本书通过定量分析法检验理论模型。采用SPSS统计分析软件对所收集的数据进行统计分析。通过探索性因子分析和信度分析方法检验社会资本和参保行为测量工具信度、效度；通过图表、集中和离散趋势统计量等单变量描述统计方法分析社会资本和农民参保行为状况；通过探索性因子分析方法简化社会资本测量指标，并构建社会资本指数；通过Logistic回归模型检验社会资本对城乡居民养老保险参保选择和参保忠诚的影响；通过Ordinal logistic回归模型检验社会资本对城乡居民养老保险参保档次的影响；通过OLS回归模型和LPM回归模型检验社会资本对农民参保行为影响的稳健性。

（四）跨学科研究

本书运用跨学科的研究方法提出概念内涵，构建理论模型。基于经济学、社会学学科梳理社会资本和参保行为相关文献，基于观点归纳提出本书中社会资本和参保行为概念内涵、维度划分及其测量指标。基于不同学科相关文献梳理主要研究变量理论观点，搭建社会资本与参保行为理论模型。本书所构建的理论模型应用了不同学科的理论知识，运用跨学科研究方法形成了具有较高解释力的综合性分析框架。

第三节 研究思路与研究内容

一 研究思路

本书首先通过文献分析法梳理社会资本与参保行为的理论演变，界定社会资本与参保行为概念内涵和维度；其次在分析社会资本对经济行为影响的基础上，归纳社会资本对农民参保行为的作用机制和影响效应，构建社会资本与农民参保行为的理论模型；再次基于城乡居民养老保险制度纵贯式问卷调查数据，综合运用因子分析和回归分析方法检验社会资本与农民参保行为的理论模型；最后从利用社会资本制度环境因素方面提出激励农民参保行为的政策建议。

本研究的结构框架和技术路线图如下所示：

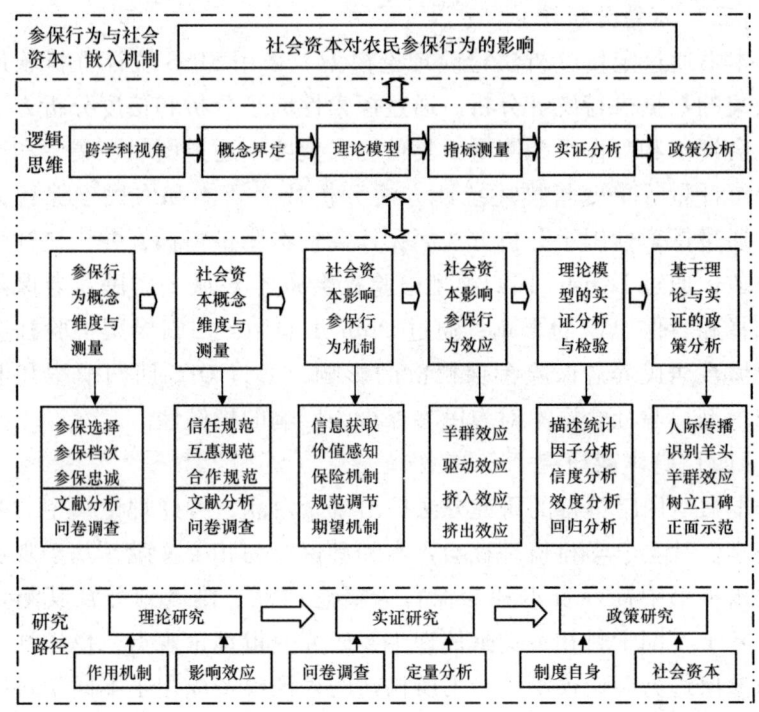

二　研究内容

本书分为五部分，共八章。

第一部分为导论，即第一章。首先，论证选题的研究价值，提出研究选题的理论背景和现实背景，研究的理论意义和现实意义；其次，确定本书要解决的研究问题及资料收集和资料分析的方法；再次，介绍本书的研究思路与内容框架；最后，指出本书的创新点。

第二部分是理论研究,包括第二章、第三章和第四章。第二章是参保行为理论演进与概念界定。从参保行为的经济学研究、社会学研究、心理学研究和跨学科研究四个方面阐释参保行为的理论演变,从城乡居民养老保险制度参保选择、参保档次和参保忠诚三个方面阐述参保行为的实践观察,并提出本书对参保行为的概念界定、维度划分及其测量指标。第三章是社会资本理论演进与基本问题。从社会资本研究兴起的背景和原因,从汉尼凡、杜威、布迪厄、科尔曼、帕特南、福山、林南、波茨等学者的主要理论研究阐释了社会资本的理论流变,从社会资本的分析层次、概念、特征及其测量分析了社会资本理论研究的基本问题。第四章社会资本与农民参保行为理论基础:嵌入机制。此章分析了社会资本对经济行为的正负效用,构建了社会资本与参保行为理论模型,并提出本书对社会资本的概念界定、维度划分及其测量指标。

第三部分是实证研究,即第五章和第六章。第五章是社会资本对农民参保行为影响的实证分析。基于两次问卷调查数据,综合运用因子分析和回归分析的方法验证社会资本对参保选择、参保档次和参保忠诚的影响,检验了社会资本对农民参保行为的作用机制。第六章是社会资本对参保行为影响的稳健性检验。基于两次问卷调查数据,运用多种方法验证社会资本对参保选择、参保档次和参保忠诚影响的稳健性。

第四部分是政策研究,即第七章。从提升农民的养老风险意识和制度认知水平、完善城乡居民养老保险制度激励农民参保行为、运用社会资本激励城乡居民养老保险参保行为三个方面提出破解城乡居民养老保险有限参与困境的政策建议。

第五部分是结论与展望,即第八章。归纳研究结论与不足,对下一步研究进行展望。

第四节 研究的创新点

一 研究视角创新

以往研究基于"经济人假设",多在理性选择范式或效用驱动模型指导下关注经济因素对参保行为的影响。国外学者从微观层面（参保人的个体、家庭、社会特征）、中观层面（公司企业的利润水平、公司规模、工会）、宏观层面（地区经济水平、教育、贫困、非正规就业、交易成本等）着重分析了参保行为的经济影响因素。国内学者从微观层面实证分析了农民个体、家庭和政策对参保行为的影响，年龄、婚姻状况、受教育程度、家庭劳动力数量、家庭子女数量、家庭承包土地数量、对政策预期、对政策总体评价及了解程度都是参保行为重要的影响变量。基于"经济人假设"，已有研究将参保行为的理解过于原子化。本书基于"社会人假设"，在社会结构范式下分析农民参保行为的影响因素，拓宽了参保行为问题的研究视角。从社会资本视角分析参保行为不仅体现了社会学强调文化和规范对参保行为的影响，也兼容了经济学强调理性选择和效用驱动的作用，更融合了心理学有关从众心理和风险态度的成果，构建了跨学科的综合性分析框架，成为参保行为研究的跨学科领域。

二 研究内容创新

以往参保行为研究多关注参保意愿、参保选择或参保档次，缺乏对参保忠诚的研究，也缺乏从社会资本理论视角下对参保行为的研究。本书旨在研究社会资本对农民参保行为的影响，通过研究提出以下主要观点：农民参保行为嵌入在社会资本之中，社会资本的影响具有重要性；社会资本通过多种机制影响农民参保行为，影响具有多维性；社会资本对农民参保行为具有正负两种效应，影响具有两面性。本书构建社会资本与参保行为理论模型，并基于城乡居民养老保险制度实践观察进行实证分析和政策分析，实现了研究内容的创新。此外，本书将参保选择、参保档次和参保忠诚三个维度统一在参保行为概念框架之下，丰富了参保行为概念内涵，拓展了参保行为内容分析。

三 研究方法创新

以往研究多关注参保行为的理论分析，即使有定量分析，也多为纯粹的数据或模型分析，在理论模型指导下的实证分析少见。本书在跨学科文献分析的基础上梳理社会资本与参保行为理论演进，归纳社会资本与参保行为概念内涵和维度划分，构建社会资本与农民参保行为的理论模型；基于制度实施初期和制度合并后期两次问卷调查获取第一手数据，综合运用因子分析和回归分析等方法对理论模型进行检验。本书运用跨学科研究方法和文献分析法构建理论模型，基于定量分析检验理论模型，采用定性与定量相结合的方法弥补了以往研究方法单一的不足。

第二章　参保行为理论演进与概念界定

第一节　参保行为理论演进

西方保险行业及参保行为实践起步于 14 世纪中后期，但参保行为一直局限于一种行业知识，学界并未进行系统的研究。至 20 世纪 60 年代，Borch 和 Arrow 将不确定性分析应用于保险研究领域之后，保险需求及参与行为的研究才逐渐展开。目前，参保行为已经成为一个跨学科研究的领域，经济学、社会学和心理学均有论著。经济学将保险需求及参保行为视为一种经济现象来分析，提出了期望效用理论和风险态度理论等基本分析框架和分析工具，分析个人在面对风险时如何进行决策，如何达到最优保险水平，并对信息不对称造成的道德风险和逆向选择进行了研究；社会学则突出家庭和社会两个参照群体对保险需求及参保行为的影响，并探讨了社会风险、制度环境和文化情境等外在因素对参保行为决策的影响；心理学则认为消费者内在的心理因素诸如寻求心理安全与稳定、风险态度偏好和投机心理对于保险需求及参保行为具有决定性影响，并对从众心理、羊群效应和框架效应等理论对参保行为的影响进行探究。综合来看，关于保险需求及参保行为研究是一种跨学科的综合性研究领域，不同学者立足本学科都做出了独特性贡献。

一　参保行为的经济学研究

保险需求及参保行为源于现实世界中广泛存在的各种"不确定性"。虽然不确定性研究在新古典理论学派中一直有相当重要的地位，但早期的"风险理论"一直被视为数学研究的内容，加之传统经济学理论建立在"完全信息"的假设之上，传统主流经济学无法将保险及参保行为纳入其理论研究框架。[1] 这种局面持续到 Knight 对风险和不确定性区别的揭示，他认为风险是可度量的不确定性，不确定性是不可度量和难以预见的风险。[2] 在 Borch 和 Arrow 将不确定性理论应用于保险研究之后，保险需求及消费行为的研究才逐渐展开。经济学对参保行为的分析主要是从消费者个体出发，以成本收益分析方法和期望效用理论为工具，探究风险态度、收入状况、财富水平、价格因素和替代效应等对保险需求和参保行为的影响。研究风险如何在保险人与被保险人之间实现平衡以达到最优状态以及信息不对称条件下的道德风险和逆向选择问题。

（一）期望效用理论

期望效用理论建立在完备性、传递性、连续性和独立性四个假设基础之上，加上古典经济学的边际效用递减规律，描述了个体在面临不确定条件下是如何进行经济决策的。[3] 该理论认为，"在不确定性条件下决策结果的效用水平是决策者对各种可能出现的结果做了加权估价后获得的，决策者追求的是加权估价后的期望效用最大化，结果效用的权重是结果出现的概率"[4]。Neumann 和 Morgenstern 最早提出期望函数效用理论，并将之发展成为保险经济学最基本的分析工具。[5] 在此基础上，Savage 提出了主观期望效用理论，认为所有的结果都是期望概率与价值概率的乘积，而且价值具有差异性和主观性。[6] Anscombe 和 Aumann 将 Savage 的公理系统进行了简化，将主观概率与客

---

[1] 胡慧源、王京安：《保险经济学的发展阶段及趋势》，《南京工业大学学报》（社会科学版）2010 年第 3 期。

[2] 张洪涛：《保险经济学》，中国人民大学出版社 2006 年版，第 27 页。

[3] 王首元、孔淑红：《新行为经济学理论：对期望效用理论和前景理论的一个延伸》，《西安交通大学学报》（社会科学版）2012 年第 4 期。

[4] 栾大鹏、王建：《期望效用理论的发展历程及最新动态》，《天府新论》2012 年第 5 期。

[5] Neumann, J. L. V. and Morgenstern, O. V., *Theory of Games and Economic Behavior*, Princeton: Princeton University Press, 1944.

[6] 郭文英：《期望效用理论的发展》，《首都经济贸易大学学报》2005 年第 5 期。

观概率融合为一体，扩展并完善了主观预期效用理论。① 然而，期望效用理论和主观期望效用理论难以解释经济学中所出现的著名的Allais悖论和Ellsberg悖论，也难以解释日常生活中的个体购买保险与购买彩票并存的行为。② 在之后的发展中，学者们又提出前景理论、等级依赖期望模型和累积性预期理论，也对期望效用理论做了不断的改进与完善。

（二）风险态度理论

风险态度是影响保险需求及消费的直接因素。理性个体都被认为是风险厌恶者，只是风险厌恶的程度不同，个体的风险态度直接决定了消费者对保险的需求和参保行为。阿罗把个体对风险的态度分为"好冒风险的"、"回避风险的"和"风险中性的"三种，风险态度不同，防备风险的需要不同，保险动机不同，进而参保行为也会不同。③ Friedman和Savage最早对风险态度进行了探究，他们以风险厌恶概念解释为什么个体在进行小概率大收益赌博的同时还购买保险。④ Mossin是最早进行保险需求研究的主流经济学家，他认为对于规避风险的个体来说，最优的选择是部分保险。⑤ Gould认为对于保险的讨论应放在消费者的投资组合中进行分析。⑥ 按照Markowitz的现代资产组合理论，理性投资者的资产组合策略是相似的，都是有风险产品和无风险产品的组合，风险厌恶程度更高的投资者无风险资产比例更高，风险资产比例更小。⑦ Arrow和Pratt提出了绝对风险厌恶和相对风险厌恶的阿罗—普拉特函数，揭示了在风险较小的情况下消费者的购买

---

① Anscombe, F. J. and Aumann, R. J., "A Definition of Subjective Probability", *Annals of Mathematical Statistics*, 1963, 34 (1), pp. 199–205.

② 栾大鹏、王建：《期望效用理论的发展历程及最新动态》，《天府新论》2012年第5期。

③ 李毅：《保险需求理论的演进》，硕士学位论文，武汉大学，2005年，第54页。

④ Friedman, M. and Savage, L. J., "The Utility Analysis of Choices Involving Risk", *Journal of Political Economic*, 1948, 56 (4), pp. 279–304.

⑤ Mossin, J., "Aspects of Rational Insurance Purchasing", *Journal of Political Economy*, 1968, 76 (4), pp. 553–568.

⑥ Gould, J. P., "The Expected Utility Hypothesis and the Selection of Optimal Deductibles for a Given Insurance Policy", *Journal of Business*, 1969, 42 (2), pp. 143–151.

⑦ 李雅君等：《风险态度对中国家庭投资分散化的影响研究》，《财贸经济》2015年第7期。

行为是如何随风险厌恶程度不同而发生变化的。① Dionne 和 Eeckhoudt 利用两期间模型进行了储蓄和保险决策的组合分析，论证了在递减暂时性风险厌恶情况下，储蓄和保险为希克斯（Hicksian）纯替代品，存在差异是因为前者考虑的是一系列风险资产，而后者考虑的是无风险资产。② Ehriich 和 Becker 认为自我保护与商业保险是替代关系，而自我防护和商业保险为互补关系③，"风险厌恶者"更倾向于选择自我保护和自我防护。④ Fama 和 Jensen 的研究发现，在完善的资本市场条件下，资本拥有者可以通过出售其资产并运用分散化的投资策略来降低风险。⑤

（三）最优保险理论

最优保险理论研究的是被保险人的风险如何在保险人和被保险人之间实现最优分担，以及被保险人选择怎样的保险能达到最优状态。⑥ Arrow 提出了一个分析框架用于解释各种风险转移机制，如保险市场、股票市场和期货市场等制度的功能，这些制度将风险转移给在风险承担上具有相对优势的一方，并进一步证明了当保险人和被保险人都是风险厌恶者时，能够达到保险市场的最优。⑦ Mossin 和 Smith 分别给出了最优保险理论的研究框架。⑧ Boyer 和 Dionne 提出当足额保险不可

---

① 乔治斯·迪翁、斯科特·E. 哈林顿：《保险经济学》，王国军译，中国人民大学出版社 2005 年版，第 5 页。
② Dionne, G. and Eeckhoudt, L., "Insurance and Saving: Some Further Results", *Insurance Mathematics and Economics*, 1982, 3 (2), pp. 101 – 110.
③ Ehrlich, I. and Becker G. S., "Market Insurance, Self-insurance and Self-protection", *Journal of Political Economy*, 1972, 80 (4), pp. 623 – 648.
④ 胡慧源、王京安：《保险经济学的发展阶段及趋势》，《南京工业大学学报》（社会科学版）2010 年第 3 期。
⑤ Fama, E. F. and Jensen, M. C., "Separation of Ownership and Control", *Journal of Law and Economic*, 1983, 26 (2), pp. 301 – 325.
⑥ 李毅：《保险需求理论的演进》，硕士学位论文，武汉大学，2005 年，第 11 页。
⑦ Arrow, K. J., "Uncertainty and the Welfare Economics of Medical Care", *American Economic Review*, 1963, 53 (5), pp. 941 – 973.
⑧ Mossin, J., "Aspects of Rational Insurance Purchasing", *Journal of Political Economy*, 1968, 76 (4), pp. 553 – 568; Smith, V. L., "Optimal Insurance Coverage", *Journal of Political Economy*, 1968, 76 (1), pp. 68 – 77.

得时，风险厌恶影响到自保和自防的最优选择问题。① Doherty 和 Schlesinger 探讨了个人在面对多种风险情况下的最优保险选择问题。②

（四）人寿保险理论

人寿保险为受益人在死亡或生存条件下提供一笔周期性收入或资金。典型的人寿保险契约包括人寿保险、生命年金、两全保险、混合保险。③ Fischer 以定期保险为例，研究认为人寿保险需求与死亡率、遗产动机和预期收入有关。④ Kami 和 Zilcha 讨论了个体的风险态度与人寿保险购买之间的关系。⑤ Browne 和 Kim 的研究表明，家庭收入、受教育程度和总抚养比对寿险需求有显著的正向影响，而宗教和保险产品价格则对寿险需求有负向影响。⑥ Outerville 的研究发现寿险业受到收入、预期通货膨胀水平、预期寿命和保险市场发展程度等因素的影响。⑦ Beck 和 Webb 的研究显示，寿险水平和家庭收入、老年抚养比及保险行业发展水平有关，而城市化、基尼系数、社会保障和法规不能解释寿险深度。⑧

（五）道德风险

保险人和被保险人之间存在严重的信息不对称，这是保险行业与生俱来的问题，这一问题对保险机制的运行和保险市场的整体发展都

---

① Boyer, M. and Dionne, G., "More on Insurance, Protection and Risk", *Canadian Journal of Economics*, 1988, 22 (1), pp. 202 – 204.

② Neil, A. D. and Harris, S., "Optimal Insurance in Incomplete Markets", *Journal of Political Economy*, 1983, 91 (6), pp. 1045 – 1054.

③ 乔治斯·迪翁：《保险经济学前沿问题研究》，朱铭来等译，中国金融出版社 2007 年版，第 703—707 页。

④ Fischer, S., "A Life Cycle Model of Life Insurance Purchases", *International Economic Review*, 1973, 14 (1), pp. 132 – 152.

⑤ Kami, E. and Zilcha, I., "Uncertain Lifetime Risk Aversion and Life Insurance", *Scandinavian Actuarial Journal*, 1985 (2), pp. 109 – 123.

⑥ Browne, M. J. and Kim, K., "An International Analysis of Life Insurance Demand", *Journal of Risk Insurance*, 1993, 60 (4), pp. 616 – 634.

⑦ Outreville, J. F., "Life Insurance Markets in Developing Countries", *Journal of Risk Insurance*, 1996, 63 (2), pp. 263 – 278.

⑧ Beck, T. and Webb, I., "Economic, Demographic, and Institutional Determinants of Life Insurance Consumption across Countries", *The World Bank Economic Review*, 2003, 17 (1), pp. 51 – 88.

有重要影响。Arrow 把信息不对称分为道德风险与逆向选择两种情况。① 从本质上看，道德风险是一种"隐藏行为"，当保险人无法了解投保人的实际行为时，投保人的个人信息便会产生道德风险问题。② 如果被保险人的行动发生在保险事故之前，是"事前的道德风险"；如果被保险人的投保行动发生在保险事故之后，是"事后的道德风险"。③ 由于保险人难以准确监控投保人的实际行为，投保人甚至会主动造成事故以获取保险赔付。④ 事后的道德风险起因于被保险人拥有信息优势，使得保险人难以了解保险事故的原因，调查则会带来极大的外部成本。道德风险会导致风险分配的不均衡，给予保险市场极大压力，无法达到最优状态。⑤ 如果保险人和被保险人的合同是持续的，那么保险人将会加大对投保者的审查力度，调整对于投保人的保费水平，这会使得投保人更为关心保险标的，从而有利于消除道德风险。⑥ 传统自由主义经济认为市场是万能的，而由于信息不对称使得仅凭市场难以达到最优状态，因此需要某种程度的非市场调节。⑦

（六）逆向选择

从本质上看，逆向选择则是一种"隐藏信息"。⑧ 逆向选择来自保险人事前不知道被保险人的风险程度，而高风险个体积极投保，从而使保险市场不能实现最优，高风险投保者会将低风险投保者"驱

---

① 孙祁祥、孙立明：《保险经济学研究综述》，《经济研究》2002 年第 5 期。

② 胡慧源、王京安：《保险经济学的发展阶段》，《南京工业大学学报》（社会科学版）2010 年第 3 期。

③ 孙祁祥、孙立明：《保险经济学研究综述》，《经济研究》2002 年第 5 期。

④ Holmstrom, B., "Moral Hazard and Observability", *The Bell Journal of Economics*, 1979, 10 (1), pp. 74 – 91.

⑤ Arnott, R. and Stiglitz, J. E., *The Welfare Economics of Moral Hazard*, in Risk Information and Insurance Economics: Essays in the Memory of Karl Borch, Louberge (Ed.), Kluwer Academic Publishers, 1992, pp. 325 – 358.

⑥ Rubinstein, A. and Yaari, M. E., "Repeated Insurance Contracts and Moral Hazard", *Journal of Economic Theory*, 1983, 30 (1), pp. 74 – 97.

⑦ Arrow, K. J., "Optimal Insurance and Generalized Deductibles", *Scandinavian Actuarial Journal*, 1974 (1), pp. 1 – 42.

⑧ 胡慧源、王京安：《保险经济学的发展阶段》，《南京工业大学学报》（社会科学版）2010 年第 3 期。

逐"出保险市场。① 而保险人不知道被保险人的风险水平，按照市场平均的风险水平制定保费时，保险人会受到逆向选择的不良影响。逆向选择在人寿保险领域最为凸显，身体状况越差的个体越倾向于投保，由于保费水平的平均化，使得身体状况好的个体则不愿投保。Rothchild 和 Stiglitz 进一步研究发现，逆向选择条件下，一个竞争性的保险市场不能达到均衡：高风险个体购买完全保险，低风险个体只能购买部分保险，逆向选择给保险市场带来效率损失。② 由于逆向选择对保险人存在不利影响，处于信息劣势的保险人会积极搜寻相关信息，以降低赔付风险和成本。Crocker 和 Snow 的研究发现，风险分类对保险市场效率有提升作用，如果风险分类存在成本，那么这种效果就不明显了。③ 随着保险市场专业化程度的加深，一般的投保者往往会成为信息不对称中的不利一方。Villeneuve 研究了保险人比投保者拥有更多信息的保险市场的均衡。④ Seog 进一步研究了保险人和投保者分别拥有私人信息的双向逆向选择问题。⑤ 然而，逆向选择并不是信息不对称下的必然选择，研究发现，风险厌恶程度高的人会购买更多保险而且行为更为谨慎以减少风险发生概率，从而产生顺向选择。⑥

二 参保行为的社会学研究

参保行为不仅仅是一种经济行为，更是一种社会行为。社会学主张经济行为是在一定社会环境中做出的选择，保险需求及参保行为不仅是个体理性追求利益最大化的选择，还要受制于其所处的社会环

---

① 周道许：《保险理论研究：主要成就及发展方向》，《金融研究》2006 年第 11 期。
② Rothchild, M. and Stiglitz, J. E., "Equilibrium in Competitive Insurance Markets: The Economics of Markets With Imperfect Information", *Quarterly Journal of Economics*, 1976, 90 (4), pp. 257, 259 – 280.
③ Crocker, K. J. and Snow, A., "The Efficiency Effects of Categorical Discrimination in the Insurance Industry", *Journal of Political Economy*, 1986, 94 (2), pp. 321 – 344.
④ Bourgeon, M., "Decentralized Markets with Informed Sellers", *THEMA Working Papers*, 1998.
⑤ Seog, S. H., "Strategic Demand for Insurance", *Journal of Risk and Insurance*, 2010, 73 (2), pp. 279 – 295.
⑥ Hemenway, D., "Propitious Selection in Insurance", *Journal of Risk and Uncertainty*, 1992, 5 (3), pp. 247 – 251.

境。尽管社会学关于保险需求和参保行为的研究不如经济学规范和严谨，但其分析视角更符合社会情境。在实际生活中，经济学关于参保行为的假设难以得到满足，社会学的研究很好地弥补了这个缺陷。参保行为作为社会行为最基本的特点在于它不仅传递了经济价值，同时也传递了社会与文化价值。[①] 保险需求和消费不仅传递经济信息，还包括社会阶层、地位、生活方式等社会文化信息。社会学从家庭、社会阶层、社会环境和文化情景解释了参保行为。

（一）家庭消费角色理论

家庭是社会结构中的基本单位，是建立在姻亲关系和血缘关系基础上的亲密合作与共同生活的初级社会群体。[②] 家庭消费决策展现出工具性角色和情感性角色行为，工具性角色指家庭成员在财务、成就和其他方面的角色。情感性角色指在决策过程中表达家庭审美和情感需要以及维护家庭规范等方面。家庭消费决策至少包含五个明确的角色：发起者、影响者、决策者、购买者和使用者。不同成员具有不同角色，某成员也可能有多个角色。[③] 不同文化背景下，家庭成员角色也存在差异，中国独生子女政策导致儿童在家庭消费中占据主导地位，亚洲国家男性在家庭中处于决策主导地位，而美国等西方国家家庭更多的是联合决策。在大多数文化中，家庭是传递消费价值观的主要载体。[④] 一方面，个体的参保行为往往建立在家庭保险需求基础之上，个体参保行为受到家庭参保行为的影响；另一方面，家庭对其成员的价值观念和风险态度的建立有重要影响，消费者社会化最初是在家庭环境中进行的，家庭长期以来形成的对待风险的认知态度和规避方式对成员的参保行为具有重要影响。

（二）家庭生命周期理论

家庭生命周期是指家庭会经历一系列随着时间推移而发生变化的阶段。经典的家庭生命周期理论把家庭生命周期从结婚至配偶死亡导

[①] 朱国宏、桂勇：《经济社会学导论》，复旦大学出版社2015年版，第105页。
[②] 同上书，第101页。
[③] 罗格·布莱克韦尔等：《消费者行为学》，吴振阳等译，机械工业出版社2009年版，第373页。
[④] 同上书，第338页。

致解体划分成为形成、扩展、扩展完成、收缩、收缩完成和解体六个阶段。[①] 形成阶段是从双方结婚到第一个子女出生为结束；扩展阶段是从第一个子女出生到最后一个子女出生为结束；扩展完成阶段是从最后一个子女出生到第一个子女离开父母；收缩阶段是从第一个子女离开父母到最后一个子女离开父母；收缩完成阶段是从最后一个子女离开父母到配偶一方死亡；解体阶段是从配偶一方死亡到残存一方死亡。家庭生命周期根据社会人口特征如婚姻状况、家庭规模、家庭成员人数及其收入等进行划分。家庭保险需求及参保行为在不同时期也存在很大差异，例如处于孩子上学阶段的家庭此时的保险需求通常较大。

（三）社会阶层理论

不同阶层往往具有不同的价值观念、消费偏好及参保行为。根据经济收入、教育程度、社会地位、职业和价值观念等因素可以将社会成员区分为不同的社会阶层。凡勃伦在《有闲阶级论》中深入论述了社会阶层和炫耀性消费行为的相关性，每个阶层都会通过炫耀性消费告诉别人他们是谁以及他们处于哪个社会阶层。炫耀性消费是一种社会行为，受制于更高社会地位的追求或标识，是有闲阶级通过消费展示财富、权力、身份，博取名声的手段。[②] 社会阶层的形成有两种方式，通过工作和学习获得较高地位的人拥有自致地位，而拥有与生俱来的财富和地位的人拥有先赋地位。同一阶层的社会成员往往具有相似的价值观念，社会成员倾向于在其所属的社会阶层进行交流、互动，进一步同化了阶层的价值观念。阶层的价值观念对其成员的约束是非正式、无形的，但其对于成员的消费行为产生的影响却是非常重要的。阶层成员为了保持其社会地位和避免被社会孤立，其自身的消费行为在很大程度上受限于社会阶层的普遍价值观念。但是，某些消费者行为也会表现出其他社会阶层的一些特征，以表达对于自身阶层

[①] 田丰：《中国当代家庭生命周期研究》，中国社会科学院博士学位论文，2011年，第26页。

[②] 凡勃伦：《有闲阶级论》，蔡受百译，商务印书馆2009年版，第76—78页。

的厌恶和理想阶层的向往。① 波德里亚用"符号消费"的概念诠释了社会阶层对消费行为的影响。消费者除了消费产品或服务的经济价值之外,还消费了其所代表的美感、情调和档次等社会价值,这些符号的社会价值在于身份地位的展示和构建,消费者会通过与其阶层地位相匹配的消费行为来获得符号意义,而消费行为则是与社会结构再生产相联系的一种系统化的符号操作行为。② 布迪厄考察了消费实践与社会阶层的关系。消费是中间阶层为了保持、提升和区分其他阶层的策略,也是结构性情景内化为消费者"惯习"的结果,更是阶层的"品位"在消费领域的实践。③ 西美尔提出"等级时尚"的观点阐释了上行下效的社会性模仿在消费中的作用,中上阶层通过时尚消费构建和标示了阶层地位,而下层则通过模仿和追逐时尚消费来打破阶层边界,实现阶层地位的提升。④

(四) 参照群体理论

参照群体是指个人在形成自己价值观、行为态度时作为参照点的群体,即一个人的消费信仰、消费态度和消费行为受他人影响的情况。参照群体是指任何对其他个体行为能够产生重要影响的个人和群体,群体的价值观和行为准则会影响个体的评价、行为和欲望。⑤ 社会上存在两种不同的参照群体:规范参照群体和比较参照群体。⑥ 规范参照群体影响消费者的基本价值观和行为规则,而比较参照群体影响消费者特定的消费态度和行为表达。Park 和 Lessig 把参照群体的消费行为影响划分为信息性、功利性和价值表现性三个维度,并开发了相应的量表。⑦ 参照群体对参保行为的影响具有多维性。首先,参照

---

① 罗格·布莱克韦尔等:《消费者行为学》,吴振阳等译,机械工业出版社 2009 年版,第 361 页。
② 让·波德里亚:《消费社会》,刘成富、全志刚译,南京大学出版社 2000 年版,第 47—48 页。
③ 皮埃尔·布迪厄:《判断力的社会批判》,刘晖译,商务印书馆 2015 年版。
④ 齐奥尔格·西美尔:《时尚的哲学》,费勇等译,文化艺术出版社 2001 年版,第 93 页。
⑤ 罗格·布莱克韦尔等:《消费者行为学》,吴振阳等译,机械工业出版社 2009 年版,第 402 页。
⑥ 周长城:《经济社会学》,中国人民大学出版社 2003 年版,第 194—198 页。
⑦ Park, C. W. and Lessig, V. P., "Students and Housewives: Differences in Susceptibility to Reference Group Influence", *Journal of Consumer Research*, 1977, 4 (2), pp. 102 – 110.

群体会对参保行为产生信息性影响。参照群体的信息性影响产生于保险消费者希望在信息充分的条件下进行参保决策的愿望。当参保决策遇到不确定性时，保险消费者会试图搜寻信息以降低风险。如果参照群体提供的信息增加了消费者对于保险的认知，或者提升了消费者进行决策的能力，参照群体就对成员产生了信息性影响。其次，参照群体对参保行为产生功利性影响。保险消费者总是处于一定的社会环境之中，并被迫在参保决策中遵从某些规范。保险消费者在参保决策时会迎合参照群体的偏好、期望、规范或标准，以获得参照群体的肯定，此时，参照群体就对保险消费者产生了功利性影响。最后，参照群体对参保行为具有价值表现性影响。一方面，个体有自我提升的需求，个体可以借助其所向往的参照群体并通过参保行为来实现自我提升，使自身实际更加符合理想的设定。另一方面，消费者有在心理上归属于某个社会阶层的需求，参保人通过与参照群体做出一致的参保决策来对该群体做出积极的反应，这种反应仅是出于对该群体的喜爱。

（五）社会资本理论

参保行为不仅是个体及其家庭的消费决策，还受制于社会环境。社会资本是社会环境的核心要素概念。尽管学界对社会资本的概念缺乏统一认识，但也存在着共识，社会资本是能够通过协调的行动来提高社会效率的信任、规范和网络。社会资本对参保行为具有多种影响。首先，具有降低信息搜寻成本的影响，社会网络是获得保险信息的有效渠道，降低了信息搜寻成本；其次，作为社会资本的核心维度，信任可以促进双方合作，降低交易成本，还可以消除信息不对称下的道德风险行为；最后，规范可以使参保人消费意愿、偏好、价值观受到所属社会网络的影响，为了获得群体认同，而跟随群体成员做出参保选择。何兴强、李涛的研究发现，社会互动对居民的保险购买行为没有显著影响，而社会资本推动了居民的保险购买。他们认为加强诚信建设、提高居民社会资本水平是推动居民保险购买和保险业发展的重要手段。[①] 宋涛等实证检验了社会互动和信任对农民购买商业养老保险意愿的影响。结果显示，普遍信任水平越高，农民越愿意购

---

① 何兴强、李涛：《社会资本和商业保险购买》，《金融研究》2009 年第 2 期。

买商业养老保险,而社会互动对农民购买意愿无显著影响。①

(六) 文化情景理论

文化作为潜移默化的社会环境的重要组成部分,其通过各种方法和渠道向消费者传递道德规范和价值理念,从而对消费者个体的经济决策产生影响。② 文化可以分为宏观文化和微观文化,宏观文化是指适用于整个社会或大多数社会成员的价值观念,而微观文化是指适用于特定群体或根据年龄、阶层、宗教和种族而划分的群体的价值观念。③ 文化为个体提供身份认同感进而对消费行为产生影响。陆卫平详细论述了中国传统文化观念对于国内居民保险消费的影响,"根文化、家文化"会增加对教育消费领域(教育储蓄金险种)、赡养父母(养老型险种)、爱护家庭(家庭财产、意外伤害险种)和香火传承(儿童保障型险种)的需求;传统"天命论"观念包含的"福祸天定"思想会产生侥幸心理,导致投保动机不稳定,不利于保险消费;"面子、地位、礼文化"则会导致面子消费(从众心理)、夸示性消费,从众心理产生的保险消费不稳定、容易退保,而夸示性消费和面子地位意识能够刺激中高收入阶层的保险消费;"节俭文化、互助文化"不利于树立正确的保险观念,尤其是老年人固有的节俭心理导致其对于保险持抵触思想;互助文化下的依赖心理会把风险承担寄托于血缘、姻亲、家族等相连接的群体,共同面对风险灾难,依赖心理导致对保险持淡漠态度。④ 随着经济发展和社会思想进步,虽然传统文化观念的影响力正在逐渐削弱,但是当前社会状态下,传统文化对于个体风险意识和保险消费观念仍具有重要影响。

三 参保行为的心理学研究

保险需求产生参保动机,参保动机导致参保行为。参保动机是直

---

① 宋涛等:《社会互动、信任与农民购买商业养老保险的意愿》,《华中科技大学学报》(社会科学版) 2012 年第 1 期。

② 朱国宏、桂勇:《经济社会学导论》,复旦大学出版社 2015 年版,第 106 页。

③ 罗格·布莱克韦尔等:《消费者行为学》,吴振阳等译,机械工业出版社 2009 年版,第 332 页。

④ 陆卫平:《析中国传统文化对国内居民保险消费观念的影响》,《上海保险》2006 年第 8 期。

接推动保险消费者进行保险活动的一种内部动力,它源自于对保险的需要。心理学认为人的安全需要、投机心理和从众心理是产生保险需求及参保行为的主要因素。

(一) 安全需要

对于风险的厌恶和通过转移风险以实现安全的需求和渴求正是保险消费的动力。马斯洛把个体的需要从低到高划分为基本的生理需要、追求安全的需要、社会交往需要、尊重需要和自我实现需要。马斯洛在《动机与人格》一书中进一步将个体的需要扩充为生理需要、安全需要、归属和爱的需要、自尊需要、自我实现需要、认识和理解的欲望以及审美七种需要。个体总是在满足最基本需要的基础上进一步追求更高层次的需要。安全需要作为基本的需要,是个体首先满足的内容,除了自我保护和家庭保护之外,通过市场手段寻求风险分散和安全保护成为现代社会的重要手段。① 马斯洛认为购买保险是为了"寻求安全与稳定的努力"。②

(二) 投机心理

投机心理主要包含有三个方面的内容:一是寻求资产升值;二是侥幸心理;三是自利心理。③ 首先,寻求资产升值。消费者在保险市场上通过比较不同险种及其替代品之间的比较分析,寻求使自身收益最大化的保险,尤其是投资型险种的推广得益于寻求资产升值的心理。其次,侥幸心理。保险消费的不确定性导致了侥幸心理。在面临危险时积极投保,期望通过保险赔付得到赔偿。这种心理导致投保不稳定,不利于保险消费和保险市场发展。最后,自利心理,或逆向选择心理。投保人利用投保人和保险公司之间的信息不对称,风险程度高的个体倾向于积极投保,而风险程度低的个体则倾向于自保。④

(三) 从众心理

作为社会的一员,个体消费者在进行经济决策时并非个体的独立

---

① 谢敏、于永达:《保险消费心理及其影响因素》,《金融理论与实践》2003年第4期。

② 马斯洛:《动机与人格》,许金声等译,华夏出版社1987年版,第47页。

③ 刘高峰:《保险需求及消费分析———一种跨学科综合分析的理论视角》,郑州大学硕士学位论文,2004年,第48页。

④ 吴占权等:《论保险消费心理及其经营对策》,《金融教学与研究》2006年第1期。

决策，尤其是在缺乏足够信息和决策能力的情况下，消费者个体往往会受社会观念和所处阶层的影响而做出决策，容易"人云亦云"，采取"随大溜"的参保行为。① 从众心理往往在最初阶段能够推动个体的参保行为，但这种参保行为具有盲目性。随着个体保险认知水平的提高和决策能力的完善，参保行为更多是出于个体的理性判断，从众效应就会逐渐消失。②

（四）人格理论

不同的个体在青年、中年和老年具有相对稳定的思想、情感和行为模式，不同的人格特征导致了保险消费行为的差异性。人格特质是一个包括外向性、宜人性、严谨性、开放性和神经质的多维性概念，即便个体其他经济学和人口学特征条件相同，不同的人格特质也会对保险消费行为具有不同的影响。人格特征的外向性对居民商业保险消费行为有显著的正向影响，人际关系越好，正向情绪越强，乐于寻求伙伴的情感越高，居民家庭商业保险消费行为的可能性越高，消费水平也越高。③

四　参保行为的跨学科研究

经济学和社会学分析方法都不可避免受限于该学科的研究范式，而跨学科研究方法很好地避免了这一点。前景理论是心理学和经济学的跨学科研究成果，而嵌入——社会网络分析方法则是社会学和经济学的跨学科研究范式，这两个理论范式实现了参保行为的跨学科研究，得到了学界的普遍认可和关注。

（一）前景理论

经济学与心理学在研究行为决策方面具有很大差异，经济学认为外在的激励促发个体的行动；心理学认为内在需求才是真正决定个体行为的因素。④ 传统经济学中，理性选择理论主导着对个人选择行为

---

① 任智：《我国居民当前保险消费非理性行为解析》，《消费经济》2011年第4期。
② 吴占权等：《论保险消费心理及其经营对策》，《金融教学与研究》2006年第1期。
③ 赵青、段笑娜：《消费者人格对商业保险参与的影响研究——来自中国家庭追踪调查（CFPS）数据的实证分析》，《保险研究》2018年第4期。
④ 刘少杰主编：《西方经济社会学史》，中国人民大学出版社2013年版，第311页。

的分析。理性选择理论认为个体在充分信息和完全理性的条件下做出决策，以经济利益的最大化为行动的最高准则。[1] 传统经济理性存在缺陷，单纯的外在因素不能解释复杂的决策行为。有学者从认知、风险选择、个人偏好、背景因素及框架效应等角度提出了挑战，认为心理层面的思考和风险判断决定了个人的选择行为，并据此提出前景理论对传统理性预期理论的挑战。[2] 前景理论是以个人态度、风险选择、时间概率及个人偏好相结合论述个体的行为选择。[3] 相关的实证研究发现个体寻求收益时表现出风险厌恶行为，而当个体避免损失时表现出风险偏好行为，个体经常会低估高损失概率，高估低损失概率。[4] 个体通常愿意购买费率远高于公平费率的重大疾病保险，而不愿意购买保费相当优惠的巨灾保险。[5] 前景理论将心理学和经济学相结合，把概率和风险选择偏好统一于个人决策过程，超越了简单的理性选择利益最大化原则，揭示了在不确定条件下的决策机制，是一种更好的解释和预测人类行为的预期理论。[6] 前景理论虽然存在一定缺陷，但之后得到了学者们的不断完善，也代表了经济心理学研究范式的兴起。

（二）嵌入性—网络分析理论

个人及其行动是社会科学最基础、最核心的研究内容。科尔曼指出社会行为的描述存在两种错误倾向：一是社会学特征，将个体看作完全社会性的，行动通过社会准则和职责加以规范，通过社会环境被决定、约束和改变；二是经济学特征，把个体看作具有效用最大化和成本最小化的行为取向。社会学取向的观点忽视了个体行为者的能动性，存在"过度社会化"的问题；经济学规避了价值观、群体规范

---

[1] 刘少杰主编：《西方经济社会学史》，中国人民大学出版社2013年版，第314页。
[2] 同上。
[3] Kahaneman, D. and Tversky, A., *Choices, Values, and Frames*, London: Cambridge University Press, 2000.
[4] Kahaneman, D. and Tversky, A., "Prospect Theory: An Analysis of Decisions Under risk", *Econometrica*, 1979, 47 (2), pp. 263-291.
[5] Anderson, D. R., "The National Flood Insurance Program-Problems and Potentials", *Journal of Risk and Insurance*, 1974, 41 (4), pp. 579-599.
[6] 刘少杰主编：《西方经济社会学史》，中国人民大学出版社2013年版，第314页。

的影响，存在"低度社会化"的错误。[1] 传统的经济学和社会学处于两个极端状态，经济学将行为人看作不受任何社会结构的影响，社会学认为行为人是被安排好的"角色扮演者"。[2] 波兰尼最早提出"嵌入性"概念，认为经济须嵌入在法律、政治制度和道德之中，受制于人伦关系、社群伦理和各种正式或非正式制度的制约。[3] 波兰尼认为经济学回归到与社会制度、文化情境相联系的现实之中才是根本所在，经济行为应纳入社会整体脉络中进行理解。[4] 他试图回答经济行为和制度怎样嵌入在非经济动机和制度环境之中的基本问题。[5] 怀特提出了社会网络分析方法，强调个体之间的社会关系及其网络结构而非个人属性对行动者具有更直接的影响，源于社会关系结构中的规范而非宏观的历史文化环境和外在的正式制度更具有直接性影响，使社会网络分析成为与制度主义和理性选择理论相并列的研究范式。[6] 社会结构构成个体行动者所面临的客观情境，无论是行动者个人的偏好、动机，还是行动的模式都受到社会结构的影响。[7]

随着格兰诺维特提出了经济行为嵌入在社会关系网络中的观点，"嵌入性—网络分析"成为新经济社会学最主要的理论范式和研究方法。格兰诺维特认为行为人并非被结构决定，行为人与社会结构之间存在着复杂的互动关系。[8] 他提出了经济行动的"关系嵌入性"概念，强调经济行动嵌入在社会网络之中，并受到社会信任等非正式规范以及外在制度文化的直接和间接影响，从而开拓出一种更为综合的

---

[1] 詹姆斯·S. 科尔曼：《人力资本创造中的社会资本》，载帕萨·达斯古普特、伊斯梅尔·撒拉格尔丁编《社会资本：一个多角度的观点》，张慧东等译，中国人民大学出版社2005年版，第15—49页。

[2] 朱国宏、桂勇：《经济社会学导论》，复旦大学出版社2015年版，第68页。

[3] 刘少杰主编：《西方经济社会学史》，中国人民大学出版社2013年版，第233页。

[4] Polanyi, K., *Trade and Market in the Early Empires*, Glencoe: Free Press, 1957.

[5] Lie, J., "Embedding Polanyi's Market, Society", *Sociological Perspectives*, 1991, 34(2), pp. 219-235.

[6] 刘少杰主编：《西方经济社会学史》，中国人民大学出版社2013年版，第347—348页。

[7] 朱国宏、桂勇：《经济社会学导论》，复旦大学出版社2015年版，第62页。

[8] Granovetter, M., "Economic Action and Social Structure: The Problem of Embeddedness", *American Journal of Sociology*, 1985, 91(3), pp. 481-510.

理论视角来研究经济行动和经济现象。①

第二节　城乡居民养老保险参保行为研究述评

一　城乡居民养老保险参保选择研究综述

（一）理性选择是参保选择的基本解释范式

城乡居民养老保险制度作为社会保障学乃至公共管理学科的研究热点，实证性的量化研究方法已成为主流。作为社会保险的一种，城乡居民养老保险可以被看作是一种跨期支付的特殊商品。农民在60岁之前缴纳费用，60岁之后领取养老金，城乡居民养老保险的跨期支付特性对于农民缺乏足够的吸引力，农民更喜欢参保回报快的制度安排。② 关于农民理性的假设，学者们主要持两方面的观点。一方面，随着农村经济发展和农民收入水平的提高，农民已经超越生存理性，参保选择不会对农民产生生存压力，农民的参保选择更多是出于经济理性的判断和社会理性的约束。③ 同时，由于农民对于城乡居民养老保险制度信息了解不充分，农民的参保选择被认为是"有限理性"下的满意决策。④ 农民的参保决策是基于农村特定社会政治生态，与国家进行有效互动并做出理性选择。另一方面，经济理性与社会理性是相互交织的。农民的参保选择是基于制度认知和理性选择的结果，农民会根据自身经济状况和制度收益情况进行判断和决策。同时，在影响参保选择的诸多因素中，经济因素并非主要原因⑤，农民参保选

---

① 刘少杰主编：《西方经济社会学史》，中国人民大学出版社2013年版，第230页。
② 穆怀中、闫琳琳：《新型农村养老保险参保决策影响因素研究》，《人口研究》2012年第1期。
③ 穆怀中、闫琳琳：《新型农村养老保险参保决策影响因素研究》，《人口研究》2012年第1期；姚俊：《农民工参加不同社会养老保险意愿及其影响因素研究——基于江苏五地的调查》，《中国人口科学》2010年第1期。
④ 吕学静、李佳：《流动人口养老保险参与意愿及其影响因素的实证研究——基于"有限理性"学说》，《人口学刊》2012年第4期。
⑤ 穆怀中、闫琳琳：《新型农村养老保险参保决策影响因素研究》，《人口研究》2012年第1期；李伟、姜东升：《影响农村社会养老保险参保决策的主要因素研究——基于陕西省农村的调查与分析》，《统计与信息论坛》2015年第8期。

择更多受到社会动员、从众心理、邻里效应等社会理性的约束。[①] 作为一项外生的普惠性制度,城乡居民养老保险嵌入于农村社会环境之中,与传统家庭养老方式相互影响,农民的参保行为受到制度环境、基层政治和文化传统等因素的制约。[②]

(二) 城乡居民养老保险参保选择影响因素

1. 个人禀赋

根据研究成果来看,农民的个人禀赋主要包括性别、年龄、身体健康状况、文化程度、婚姻状况、养老风险意识和期望养老方式七个方面。

(1) 性别和参保选择关系的研究结论存在分歧。部分学者的研究表明,男性参保率更高。一是男性作为家庭中的主要收入来源,更需要城乡居民养老保险制度构筑安全网;二是传统男尊女卑家庭地位观念依然存在,使得女性更倾向于牺牲自身让男性参加城乡居民养老保险;[③] 三是传统"男主外,女主内"性别观念使得男性接触社会动员和制度宣传的机会更大,更容易了解城乡居民养老保险制度。也有学者得出相反的结论,女性参保率更高。[④] 因为女性寿命更长,养老风险更为持久,更希望通过城乡居民养老保险制度化解养老风险。

(2) 年龄和参保选择关系的研究结论较为一致。农民年龄越接近60岁参保率越高。[⑤] 一方面,随着年龄的增长和身体素质的下降,农

[①] 谭静、江涛:《农村社会养老保险心理因素实证研究——以南充市230户低收入农户为例》,《人口与经济》2007年第2期;姚俊:《理性选择、外部激励与新农保连续参保——基于四省的调查》,《中国人口科学》2015年第4期。

[②] 聂建亮、钟涨宝:《新农保养老保障能力的可持续研究——基于农民参保缴费档次选择的视角》,《公共管理学报》2014年第3期。

[③] 穆怀中、闫琳琳:《新型农村养老保险参保决策影响因素研究》,《人口研究》2012年第1期。

[④] 王媛:《"新农保"参保影响因素分析——基于农户调查的Logit回归模型》,《农村经济》2011年第7期;邓大松、刘国磊:《新型农村社会养老保险参保行为影响因素分析》,《统计与决策》2013年第7期。

[⑤] 郝金磊、贾金荣:《西部地区农民新农保参与意愿研究》,《西北人口》2011年第2期;高文书:《新型农村社会养老保险参保影响因素分析——对成都市的实地调查研究》,《华中师范大学学报》(人文社会科学版)2012年第4期;吕学静、李佳:《流动人口养老保险参与意愿及其影响因素的实证研究——基于"有限理性"学说》,《人口学刊》2012年第4期;陈浩天:《农户个体差异与国家惠农政策嵌入的相关性研究——以20省"新农保"政策的执行效果为表达对象》,《农村经济》2014年第3期。

民自主养老的期望降低，养老风险认识程度加深，而养老保险制度可以在一定程度上缓解自身的养老风险。另一方面，农民年龄越大，距离制度受益的时间越短，因此参保的积极性越高。

（3）健康状况和参保选择关系研究结论也存在分歧。部分学者的研究表明，身体健康状况越好的农民参保意愿越强。[1] 农民预期寿命越长，养老风险期越长，对城乡居民养老保险制度需求越强烈。也有学者研究发现，中等健康状况的农民参保意愿更高，健康状况好的农民对自身老年生活不担心，养老风险意识较低，身体状况差的农民考虑到自身预期寿命较短和制度回报期较长的矛盾而不愿参保。[2]

（4）文化程度和参保选择研究结论截然不同。有学者的研究发现，文化程度与参保选择存在正相关关系。[3] 一是文化程度高的农民更加理性，对城乡居民养老保险的制度认知更为充分；二是文化程度高的农民养老风险意识强，城乡居民养老保险参保意愿更强；三是文化程度高的农民经济能力和收入水平高，缴费负担小。也有研究得出了不同结论，农民文化程度越高，参保积极性越低。[4] 一是文化程度高的农民收入水平越高，城乡居民养老保险的制度激励不足以吸引其参保；二是文化程度高的农民养老风险意识强，参加其他高保障水平养老保险的意愿更强；三是文化程度高的农民更加理性，受到从众心理以及社会动员的影响小。文化程度和参保选择研究结论截然相反可能是调查样本的地区差异所致，也可能是因为文化程度对参保选择的

---

[1] 王良健、刘敏：《新农保农户参保缴费意愿及其影响因素研究》，《西北人口》2015年第2期。

[2] 郝金磊、贾金荣：《西部地区农民新农保参与意愿研究》，《西北人口》2011年第2期；穆怀中、闫琳琳：《新型农村养老保险参保决策影响因素研究》，《人口研究》2012年第1期。

[3] 雍岚、孙博、张冬敏：《西部地区从业农民工社会养老保险需求的影响因素分析——基于西安市农民工的调查》，《西北人口》2007年第6期。

[4] 穆怀中、闫琳琳：《新型农村养老保险参保决策影响因素研究》，《人口研究》2012年第1期；陈浩天：《农户个体差异与国家惠农政策嵌入的相关性研究——以20省"新农保"政策的执行效果为表达对象》，《农村经济》2014年第3期；黄丽、刘红梅：《新农保主动参保意愿的影响因素分析——基于广东7县市728户农村家庭的调查》，《调研世界》2015年第6期。

正负影响相互抵消的结果所致。①

（5）婚姻状况和参保选择关系的研究结论高度一致。已婚农民比未婚农民的参保率更高，婚姻发生变故的农民比已婚农民的参保率更高。② 一是已婚农民承担更多家庭责任，养老风险意识更强，出于对家庭未来的考虑而参保；二是已婚农民为减轻儿女以后的养老负担而积极参保；三是"捆绑缴费"原则使得已婚农民为保证父母获得养老金而参保。婚姻发生变故的农民缺乏家庭保障，更依赖城乡居民养老保险制度，参保意愿更强。

（6）养老风险意识、期望养老方式和参保选择关系的研究结论基本一致。养老风险意识强的农民参保意愿更强，持有传统"养儿防老"观念不利于农民的参保选择，期望依靠家庭养老的农民，比期望依靠自身和城乡居民养老保险养老的农民参保率低。③ 养老风险意识强的农民对城乡居民养老保险制度更为关注和了解，参保意愿更强，而持有"养儿防老"观念和期望家庭养老的农民，养老风险意识不强，对城乡居民养老保险制度缺乏关注和了解。相当一部分农民对自己的养老存在过度自信或侥幸心理，特别是青壮年农民倾向于把身体好作为能够抵御未来风险的重要资本，这种过度自信的心态对其参保选择有负面影响。

2. 家庭特征

根据学者们的已有研究来看，主要有家庭规模、子女数量、家庭人均收入、收入来源和家庭生命周期等因素的实证研究。

（1）家庭规模、子女数量与参保选择关系的研究结果有分歧。部分学者的研究发现，家庭规模越大、参保意愿越强；子女数量越多，

---

① 姚俊：《农民工参加不同社会养老保险意愿及其影响因素研究——基于江苏五地的调查》，《中国人口科学》2010年第1期；郝金磊、贾金荣：《西部地区农民新农保参与意愿研究》，《西北人口》2011年第2期。

② 吕学静、李佳：《流动人口养老保险参与意愿及其影响因素的实证研究——基于"有限理性"学说》，《人口学刊》2012年第4期。

③ 王媛：《"新农保"参保影响因素分析——基于农户调查的Logit回归模型》，《农村经济》2011年第7期；王志刚、周永刚、朱艺云：《"养儿防老"与"新农保"：替代还是互补——基于福建省厦门、漳州和龙岩三市的问卷调查》，《中国经济问题》2013年第6期。

参保概率越大；抚养比越高，参保率越高。[①] 一是家庭规模大，家庭责任更大，参保可以减轻养老负担；二是子女个数越多意味着子女成家后与父母分开居住的可能性越大，父母为避免与子女发生家庭矛盾更倾向于自我养老。[②] 也有学者的研究发现，子女数量越多，参保意愿越低。[③] 因为农村传统"养儿防老"观念仍然存在，子女多的家庭养老保障能力更强，养老风险意识不高。

（2）家庭收入和参保选择关系的研究结论存在分歧。家庭人均收入是农民参保选择的考虑因素，关于这个问题的研究结果存在分歧。部分学者的研究发现，家庭收入越高，参保率越低。[④] 因为城乡居民养老保险制度收益低，参保对于高收入家庭缺乏吸引力。[⑤] 也有学者发现，家庭人均收入和参保选择之间具有正相关关系。[⑥] 这是因为对于高收入家庭来讲，制度缴费成本较低，参保积极性更高。家庭收入来源结构和参保的研究结果较为一致，家庭的非农收入越高，参保意愿越低。[⑦] 一是务工家庭收入更高，具有购买商业养老保险或其他替

[①] 黄丽、刘红梅：《新农保主动参保意愿的影响因素分析——基于广东7县市728户农村家庭的调查》，《调研世界》2015年第6期；肖应钊等：《农村居民参加新型农村社会养老保险意愿影响因素的实证分析——以山东省试点为例》，《社会保障研究》2011年第5期；陈浩天：《农户个体差异与国家惠农政策嵌入的相关性研究——以20省"新农保"政策的执行效果为表达对象》，《农村经济》2014年第3期。

[②] 肖应钊等：《农村居民参加新型农村社会养老保险意愿影响因素的实证分析——以山东省试点为例》，《社会保障研究》2011年第5期。

[③] 张朝华：《农户参加新农保的意愿及其影响因素——基于广东珠海斗门、茂名茂南的调查》，《农业技术经济》2010年第6期；王媛：《"新农保"参保影响因素分析——基于农户调查的Logit回归模型》，《农村经济》2011年第7期；郝金磊、贾金荣：《西部地区农民新农保参与意愿研究》，《西北人口》2011年第2期。

[④] 黄丽、刘红梅：《新农保主动参保意愿的影响因素分析——基于广东7县市728户农村家庭的调查》，《调研世界》2015年第6期。

[⑤] 穆怀中、闫琳琳：《新型农村养老保险参保决策影响因素研究》，《人口研究》2012年第1期。

[⑥] 张朝华：《农户参加新农保的意愿及其影响因素——基于广东珠海斗门、茂名茂南的调查》，《农业技术经济》2010年第6期；王良健、刘敏：《新农保农户参保缴费意愿及其影响因素研究》，《西北人口》2015年第2期；黄阳涛、李放、吕伟：《农民参加新农保影响因素的实证研究——基于对江苏省部分试点县的调查》，《新金融》2011年第6期。

[⑦] 张朝华：《农户参加新农保的意愿及其影响因素——基于广东珠海斗门、茂名茂南的调查》，《农业技术经济》2010年第6期；李伟、姜东升：《影响农村社会养老保险参保决策的主要因素研究——基于陕西省农村的调查与分析》，《统计与信息论坛》2015年第8期。

代性养老保障产品的意愿;二是务工家庭成员长期在城市生活,参加城乡居民养老保险较为不便;三是城乡居民养老保险的制度保障水平较低,对务工家庭不具有吸引力。

(3)家庭生命周期和参保选择关系的研究结论不一致。家庭生命周期假设试图回答家庭婚姻状况、家庭规模和家庭结构对参保选择的影响,这方面的研究结论不一。关于家庭层面的研究还探讨了家庭劳动力人数、耕地数量、子女受教育程度、家庭成员中是否有党员对参保选择的影响,研究结论也存在差异。①

3. 农村社会环境

作为一项自愿参加的养老保险制度,城乡居民养老保险的参保选择必然与农村基层政治环境有密切关系。中国的政治体制决定了基层政治对于制度推行的重要作用。尽管以"自愿参加"为原则,但是城乡居民养老保险参保率和基层村干部的政治绩效相挂钩,村干部的社会动员对参保率有很大贡献。② 在制度初期,社会动员对参保广度有很大作用,但从长期来看,社会动员的作用将会逐渐消失,最终被农民自身理性代替。③ 此外,区域位置和宗教信仰都是重要的社会环境变量。④

4. 制度认知

作为一项新型的社会养老保险制度安排,农民对制度的认知对于参保选择具有重要影响。学者们关于对城乡居民养老保险制度认知的研究主要包括制度预期、制度认知程度和制度信任三个方面。

---

① 樊丽明、石绍宾、解垩:《新农村建设中农村公共品供给的动态特征及问题探讨——基于山东省3市16镇实地考察的研究》,《财贸经济》2008年第8期;郝金磊、贾金荣:《西部地区农民新农保参与意愿研究》,《西北人口》2011年第2期。

② 钟涨宝、聂建亮:《新农保制度的可持续性探讨——基于农民参保行为选择的视角》,《中国农村观察》2013年第6期;姜大伟、林岚涛:《村干部绩效对新农保参保率的影响探析——基于贵州省湄潭县的调查》,《社会保障研究》2013年第1期。

③ 钟涨宝、聂建亮:《新农保制度的可持续性探讨——基于农民参保行为选择的视角》,《中国农村观察》2013年第6期。

④ 谭静、江涛:《农村社会养老保险心理因素实证研究——以南充市230户低收入农户为例》,《人口与经济》2007年第2期;王媛:《"新农保"参保影响因素分析——基于农户调查的Logit回归模型》,《农村经济》2011年第7期;阮荣平、郑风田、刘力:《宗教信仰对农村社会养老保险参与行为的影响分析》,《中国农村观察》2015年第1期。

农民对于城乡居民养老保险的制度预期与参保选择具有负相关关系。农民对制度的预期越高，对制度收益满意度越低，从而参保选择的可能性也越低。制度知晓度和参保选择有正相关关系。[1] 制度信任程度越高，参保可能性越大。[2] 制度满意度越高，参保行为倾向越强。制度满意度和制度预期、制度认知、制度信任之间存在紧密联系。[3] 一方面，个体的性别、文化程度等特征影响制度认知，传统"男主外，女主内"的性别观念使得男性接触社会动员和制度宣传的机会更大，更容易了解城乡居民养老保险制度；文化程度越高的农民自身理性水平越高，对于城乡居民养老保险制度认知更为充分。另一方面，个体嵌入的社会关系网络和政府社会动员等因素也影响制度认知，前者是非正式的信息收集渠道，后者是正式的宣传渠道。后者受制于农民对于基层自治组织的信任程度，其对于农民信息的影响弱于非正式渠道。信息获取渠道对农民制度认知的影响具有差异性和同质性。

二 城乡居民养老保险参保档次研究综述
（一）理性选择逻辑下的最低参保档次偏好

实际参保过程中，农民参保水平普遍较低，大多集中在 100 元最低参保档次。城乡居民养老保险整体参保率较高，但参保档次偏低，出现"一高一低"的特征，参保档次选择过低成为制约城乡居民养老保险制度可持续发展的主要障碍。[4] 在城乡居民养老保险制度规定下，农民会结合家庭收入状况对不同参保档次的实际收益进行比较，对制度产生"逐利"反应。选择最低参保档次是"逐利"支配下理性选择的结果。

---

[1] 封铁英、高鑫：《农户流转土地参加新型农村社会养老保险意愿实证研究——基于政策协同的视角》，《中国土地科学》2014 年第 4 期；王良健、刘敏：《新农保农户参保缴费意愿及其影响因素研究》，《西北人口》2015 年第 2 期。

[2] 王良健、刘敏：《新农保农户参保缴费意愿及其影响因素研究》，《西北人口》2015 年第 2 期。

[3] 胡芳肖、张美丽、李蒙娜：《新型农村社会养老保险制度满意度影响因素实证》，《公共管理学报》2014 年第 4 期。

[4] 张明锁、孙端：《适度提高养老保险农民缴费档次的可行性分析》，《河南社会科学》2016 年第 4 期。

（二）参保档次影响因素

1. 个人因素

（1）年龄与参保档次具有正相关关系。年龄的增加推高了农民的参保档次。[①] 农民年龄越大，越倾向于选择更高的参保档次。45岁以下农民缴费时间超过15年，制度回报期较长，加上自身对养老风险认知不足，倾向于选择较低档次的标准；45岁以上农民缴费时间在15年期间内，距离制度收益期短，较高参保档次能获取更多财政补贴，趋向于选择更高档次参保。

（2）性别对参保档次有影响。与女性相比，男性更倾向于选择较高的参保档次。[②] 一方面，男性作为农村家庭的主要收入来源，比女性需要更多的风险保障；另一方面，作为家庭决策的主体，男性比女性拥有更大的决策权。

（3）文化程度与参保档次呈正相关关系。首先，文化程度高的农民经济承受能力更高，缴费压力较小；其次，文化程度高的农民对城乡居民养老保险制度的了解程度更高，更愿意选择高档次缴费，以获取更高水平的财政补贴和养老保障。[③] 文化程度低的农民难以承受更高档次的缴费压力，对城乡居民养老保险制度的认知水平也有限，所以更愿意选择低档次缴费。

2. 家庭特征

我国农民具有浓厚的家庭观念，农民参保档次选择往往是家庭决策的结果，子女数量、家庭收入和家庭耕地面积对参保档次有重要影响。

（1）子女数量与参保档次负相关。子女越多的家庭养育成本越高，参保会对家庭产生经济压力，于是倾向于选择较低档次参保。另外，有儿子的农民选择最低档次的可能性高于没有儿子的农民，这可能和养儿

[①] 黄宏伟、展进涛：《收入水平、成员结构与农户新农保参加行为——基于全国30省（区、市）4748户农户数据的实证分析》，《中国农村经济》2012年第12期。

[②] 聂建亮、钟涨宝：《新农保养老保障能力的可持续研究——基于农民参保缴费档次选择的视角》，《公共管理学报》2014年第3期。

[③] 贺书霞：《农民社会养老意愿和缴费能力分析——基于陕西省关中地区的调查》，《西北人口》2012年第2期。

防老的传统观念有关，有儿子的农民更倾向于依靠家庭养老。①

（2）家庭收入与参保档次正相关。缴费能力仍然是制约参保档次选择的最重要因素，我国农村居民可支配收入仍然不高，经济能力有限，更倾向于选择最低缴费档次。② 按照需求层次理论的观点，生理需求是最基本需求，在经济水平有限的情况下，农民更愿意把收入花费在衣食住行以及子女教育等方面，养老保险作为更高需求层次的内容，对收入水平不高的农民来说吸引力不足。③

（3）耕地面积与参保档次负相关。城乡居民养老保险、家庭养老和土地养老共同构成了农民的养老保障体系，土地养老仍然是我国农村居民的首选养老方式，家庭耕地面积越多，农民依赖土地养老的期望越高，对城乡居民养老保险制度的需求越低。家庭耕地面积越多，农民缴费档次越低。

3. 制度特征

农民低档次参保偏好部分是制度因素所致。④ 制度设计和运行状况是影响农民参保档次选择的重要因素。从制度年收益率状况来看，高档次缴费的年收益率反而低于低档次缴费。低档次缴费的成本回收更快，更受农民欢迎。⑤ 就制度激励机制来看，低档次缴费和高档次缴费的补贴水平差距有限。综合比较而言，农民更愿意通过其他渠道投资获取更高收益，城乡居民养老保险制度未能真正体现多缴多得，对高参保档次选择的激励不足。⑥

就制度实施状况来看，村干部是农民制度信息的重要来源，农民对城乡居民养老保险制度的认知状况在很大程度上取决于村干部的宣

---

① 石绍宾、樊丽明、王媛：《影响农民参加新型农村社会养老保险的因素——来自山东省入户调查的证据》，《财贸经济》2009 年第 11 期。

② 谢冰、黄瑞芹：《民族地区新农保参保者缴费水平问题研究——基于湖南、贵州部分民族地区的调查》《中南民族大学学报》2013 年第 6 期。

③ 余桔云：《江西省新农保有效缴费水平的测算》，《经济问题探索》2011 年第 1 期。

④ 王国辉、陈洋、魏红梅：《新农保最低档缴费困境研究——基于辽宁省彰武县新农保的调查》，《经济经纬》2013 年第 2 期。

⑤ 孙雅娜、王成鑫、王玥：《新型农村养老保险制度给付水平的适度性分析》，《人口与经济》2011 年第 6 期。

⑥ 罗汉群：《河南省城乡居民基本养老保险缴费档次选择研究——以开封市尉氏县为例》，《社会保障研究》2014 年第 1 期。

传，村干部对城乡居民养老保险制度的把握程度和宣传方式都会影响农民的参保档次选择。同时，对村干部的信任状况会影响农民对城乡居民养老保险制度的信任程度，进而影响缴费档次选择。

三 城乡居民养老保险参保忠诚研究综述

城乡居民养老保险需要经过较长时间的连续缴费才能受益，农民的持续参保行为在很大程度上决定着制度的可持续发展。随着城乡居民养老保险制度覆盖率的提升，城乡居民养老保险必须从重视吸引农民参保向重视维持农民持续参保方向转化，从重视增加参保农民数量向重视提高农民参保忠诚方向发展。参保忠诚是实现"长缴多补、长缴多得"的条件，也是城乡居民养老保险制度可持续发展的重要前提，对制度目标的实现有重要作用。[1]刘向红研究发现农民长期参保意愿不足所造成的筹资难问题是城乡居民养老保险制度可持续发展面临的主要难题之一。[2]如何保证农民参保忠诚成为城乡居民养老保险制度面临的新挑战。参保忠诚受到诸多因素的影响，可以将其划分为四类：个体因素、家庭特征、制度认知和制度设计及制度环境。

（一）个体特征

1. 年龄与参保忠诚呈正相关关系。农民年龄越大，距离领取养老金的时间越近，享受养老待遇的可能性越大，参保忠诚度越高。相对而言，年轻农民距离领取养老金的时间较长，对自身未来养老更为自信，加之制度激励水平有限，忠诚度不够高。贾晓华和徐世江研究发现，中青年农民的长期缴费意愿较低，且中途断保的可能性较大。[3]

2. 性别是参保忠诚的重要影响变量。男性连续性参保意愿高于女性，这与男性在家庭中的地位有关。[4]男性是大部分农村家庭的主

---

[1] 薛惠元、王翠琴：《"新农保"财政补助政策地区公平性研究——基于2008年数据的实证分析》，《农村经济》2010年第7期。

[2] 刘向红：《影响新型农村社会养老保险可持续发展的若干制约因素》，《农业经济》2011年第8期。

[3] 贾晓华、徐世江：《新型农村社会养老保险可持续性的经济学分析》，《生产力研究》2012年第7期。

[4] 姚俊：《理性选择、外部激励与新农保连续性参保——基于四省的调查》，《中国人口科学》2015年第4期。

要收入来源，对未来养老保障水平看得更重，决策权更大。

3. 健康状况与参保忠诚呈正相关关系。身体状况好的农民持续参保意愿强，原因是身体状况好的农民预期寿命较长，养老风险期较长，更需要城乡居民养老保险制度保障，更愿意持续参保。[①] 身体状况差的农民对自己寿命感到悲观，养老保障需求不强烈，容易断保。

（二）家庭特征

1. 家庭规模对参保忠诚的影响具有两面性。一方面，家庭规模与参保忠诚具有正相关关系。家庭规模大，家庭责任更大，持续参保可以减轻养老负担；家庭子女数量越多，子女成家后与父母分开居住的可能性越大，农民为避免与子女家庭发生矛盾更倾向于持续参保以实现制度养老。另一方面，家庭规模也可能会对连续参保具有负面影响。家庭子女越多，依靠家庭养老和子女养老的观念越重，参保忠诚度越低。[②]

2. 家庭收入对参保忠诚的影响具有两面性。耿永志调查发现，农民的未来收入预计对参保忠诚有显著影响。如果农民对未来收入预计不高，很可能继续选择最低档次缴费，甚至断保。[③] 尽管参保不会对家庭构成经济压力，但家庭人均收入仍然是农民参保决策的考虑因素。部分学者的研究发现，收入越高，参保可能性越低。[④] 城乡居民养老保险制度的收益较低，对于高收入家庭缺乏吸引力，在捆绑缴费和社会动员影响力削弱的情况下，断保的可能性较高。

（三）制度知晓

制度知晓在很大程度上影响参保忠诚。制度预期和参保忠诚具有负相关关系，农民对制度的预期越高，对制度实际效果的满意度越

[①] 王良健、刘敏：《新农保农户参保缴费意愿及其影响因素研究》，《西北人口》2015年第2期。

[②] 姚俊：《理性选择、外部激励与新农保连续性参保——基于四省的调查》，《中国人口科学》2015年第4期。

[③] 耿永志：《新型农村社会养老保险试点跟踪调查——来自河北省18个县（市）的农户》，《财经问题研究》2011年第5期。

[④] 林本喜、王永礼：《农民参与新农保意愿和行为差异的影响因素研究——以福建省为例》，《财贸经济》2012年第7期；黄丽、罗锋、刘红梅：《城乡居民基本养老保险政府补贴问题研究——基于广东省的实证研究》，《人口与经济》2014年第3期。

低，断保的可能性越高。① 姚俊对四个省份的调查发现，政策认知水平和连续参保行为呈倒"U"型关系，制度知晓水平中等的农民比制度知晓水平低的农民续保的可能性更高；制度知晓水平高的农民反而比制度知晓水平中等的农民连续参保意愿更低，这可能与他们试图钻政策漏洞的"理性选择"有关，同时也说明制度设计不能很好地激励农民连续参保。②

（四）制度设计与制度环境

城乡居民养老保险制度的具体规定也会影响参保忠诚。林义认为如何实现城乡居民养老保险制度的长期有效管理是制度中难度最大的问题。贾宁和袁建华研究发现缴费年限对个人账户替代率的影响削弱了城乡居民养老保险制度的公平性，打击了参保人持续缴费的积极性。③ 我国农村存在人口众多、居住分散和流动性大等诸多问题，这增大了制度实施的难度。④ 姚俊认为农民的连续参保行为是关系与结构"双重嵌入性"的结果，在城乡居民养老保险实施初期，政策执行上的激励作用要强于利益激励。因此，应当从转变城乡居民养老保险激励机制和适时启动"强制性"参保原则两个方面解决农民连续性参保动力不足的问题。⑤

四　已有研究评述

（1）已有研究缺乏对参保行为做出全面分析，较多关注了参保选择和参保档次，相对忽略了对参保忠诚的研究。综合来看，已有相关研究主要涉及参保选择、参保档次和参保忠诚三个方面。已有研究集中分析了参保选择和参保档次，对参保忠诚的关注较少。少数仅有的

---

① 崔红志、李越：《"新农保"参保决策制约因素分析》，《调研世界》2014 年第 2 期。
② 姚俊：《理性选择、外部激励与新农保连续性参保——基于四省的调查》，《中国人口科学》2015 年第 4 期。
③ 贾宁、袁建华：《基于精算模型的"新农保"个人账户替代率研究》，《中国人口科学》2010 年第 3 期。
④ 林义：《破解新农保制度运行五大难》，《中国社会保障》2009 年第 9 期。
⑤ 姚俊：《理性选择、外部激励与新农保连续性参保——基于四省的调查》，《中国人口科学》2015 年第 4 期。

参保忠诚方面研究缺少深入和全面的分析，存在以下问题：第一，研究缺乏普遍性，问卷调查多集中某一个区域，研究结果不具有代表性；第二，研究的时新性不足，缺乏对当下城乡居民养老保险参保忠诚的关注，研究结论缺乏时新性；第三，研究内容不全面，对参保忠诚的研究多偏向于主观意愿分析，缺少客观行为分析。①

（2）已有理论研究多从经济学、心理学和社会学单一学科视角对参保行为进行分析，缺乏构建一个综合性分析框架进行跨学科研究。已有理论研究通常将参保行为影响因素分为三类：一是关于文化传统、法律法规、消费观念等社会环境因素；二是社会保险制度、政府救助水平等需求替代因素；三是经济发展、收入水平等基础因素。参保行为是涉及经济学、社会学和心理学的跨学科研究范畴。心理学认为个人偏好、安全需求、风险态度、投机心理和从众心理是影响参保行为的内生因素；社会学关注参保行为的外部环境诸如家庭、社会阶层、参照群体、社会资本和文化情景等因素，强调个体在环境约束下做出决策；经济学则提供了最基础的预期效用理论、成本、收益分析方法等理论工具。经济学、心理学和社会学关于参保行为的研究在某种程度上都是基于本学科单一的理论刻画，学界缺乏构建一个综合性框架对参保行为做出跨学科分析。

（3）已有实证研究缺乏理论指导，缺乏在同一个理论框架下对参保行为进行实证分析。已有实证研究关注了个体、家庭、社会和制度四个层面对农民参保行为的影响，对于解释城乡居民养老保险参保行为提供了有益借鉴。然而已有实证研究仍存在一些不足：一是理论深度不够，大多研究往往是简单的实证分析，理论指导下的实证分析较为缺乏；二是对于社会结构因素关注不足，农民参保行为深受个体所处的社会结构及其特征的影响，学界对于这一问题的研究仍显不足；三是对参保行为实证研究存在学科壁垒，缺乏基于跨学科综合分析框架的构建；四是已有实证研究大都只关注参保行为的某一个方面，缺乏在同一个概念框架下对参保选择、参保档次和参保忠诚进行分析；

---

① 姚俊：《理性选择、外部激励与新农保连续性参保——基于四省的调查》，《中国人口科学》2015年第4期。

五是缺乏在同一个理论框架下对参保行为进行分析。

（4）本书从社会资本视角构建参保行为研究的跨学科分析框架。参保行为研究应该综合多学科的理论，以求全面和准确研究参保行为及其影响因素。参保行为的主要理论基础是理性选择范式。理性选择范式强调农民的参保行为是基于成本、收益分析做出的选择，农民拥有的信息水平决定了参保行为的理性程度。在制度实施初期，农民的信息水平往往是很低的，农民的参保选择更多是政府动员的结果，出于风险规避心理，农民的参保行为呈现最低缴费档次的偏好。随着制度的推进，农民对制度信息的了解更为充分，持续参保行为更趋于理性。与理性选择范式不同，社会结构范式强调参保行为受到所处社会结构及其特征的影响。无论是制度实施初期的参保选择和参保档次，还是后期的参保忠诚，农民的参保行为都与个体的社会结构及其特征密切相关。然而，已有研究较少从社会结构视角对参保行为做出分析。本书从社会资本视角出发，将参保选择、参保档次和参保忠诚统一于参保行为概念框架之下，拓宽参保行为概念内涵，构建社会资本影响参保行为的理论模型，对参保行为给出一个全新的理论解释。从社会资本视角分析参保行为不仅体现了社会学强调文化和规范对参保行为的影响，也兼容了经济学强调理性选择的作用，更融合了心理学有关从众和风险态度的成果，成为参保行为研究的跨学科领域。

第三节　参保行为概念界定、维度划分及其测量

一　参保行为概念界定、维度划分及其测量的文献分析

提出参保行为概念内涵及维度，构建参保行为概念框架是本书研究目的之一。尽管参保行为在国内社会科学领域的理论和实证研究中受到了一定的重视，但已有研究几乎没有涉及参保行为概念界定和维度分析，从而导致对参保行为概念内涵理解不够准确和全面。本书基于城乡居民养老保险参保行为相关实证研究归纳参保行为的概念内涵。

（一）参保选择是第一个维度

农村社会养老保险制度关系到农村社会经济的稳定发展，是农民

福利改进的一种主要途径。城乡居民养老保险在推行过程中以"自愿参加"为原则,年满60周岁、缴费年限满15年的参保人可以按月领取养老金。农民是否参保是城乡居民养老保险制度可持续发展的关键因素。学界调查研究发现,城乡居民养老保险制度在实施过程中面临农民参保选择积极性不高、参保广度不够和地区差异性显著的问题。穆怀中和闫琳琳提出参保决策概念来研究城乡居民养老保险的参保行为,将其操作化为是否参保,基于2010年在辽宁省彰武县开展的2363份问卷调查结果发现,截至2010年8月,彰武县城乡居民养老保险参保率仅为51.30%。[1] 阮荣平等提出了参与行为概念研究城乡居民养老保险参保行为,将其指标化为是否参保,基于2010年中国综合社会调查数据(CGSS 2010)研究发现,截至2010年,只有857个农民参与农村基本养老保险,参保率低至26%。[2] 黄宏伟和展进涛用城乡居民养老保险参加行为指代农民是否参保,基于2011年全国30省4748个农户调查结果发现,家庭有城乡居民养老保险支出行为的农户有2418户,占50.93%,且东、中、西部地区参保率差异显著。[3] 常芳等用参保行为概念来研究农民是否参保,基于2012年对江苏省、四川省、陕西省、河北省和吉林省的101个样本村的调查数据发现,样本地区的实际参保率仅为72.99%;参保存在较为严重的区域不均衡问题,河北省和四川省参保率较低,仅为67.47%和66.95%,陕西省参保率较高,为86.88%。[4]

是否参保是城乡居民养老保险参保行为的重要内容,在自愿参与原则下,农民是否参保决定着未来是否能够获得制度养老保障,决定着农民养老保障权益是否能够实现,也决定着制度是否能够可持续发展。相关实证文献提出了城乡居民养老保险参加行为、参与行为、参

---

[1] 穆怀中、闫琳琳:《新型农村养老保险参保决策影响因素研究》,《人口研究》2012年第1期。

[2] 阮荣平、郑风田、刘力:《宗教信仰对农村社会养老保险参与行为的影响分析》,《中国农村观察》2015年第1期。

[3] 黄宏伟、展进涛:《收入水平、成员结构与农户新农保参加行为——基于全国30省(区、市)4748户农户数据的实证分析》,《中国农村经济》2012年第12期。

[4] 常芳等:《新农保实施现状及参保行为影响因素——基于5省101村调查数据的分析》,《管理世界》2014年第3期。

保行为或参保决策等概念来研究农民是否参保，存在概念界定不统一和概念混淆的问题。已有研究对农民是否参保的同一经验观察给出了不同的概念界定，本书采用参保选择概念来指代农民是否参保的经验观察，参保选择是参保行为概念的首要维度。

（二）参保档次是第二个维度

目前多数农村地区设定了每人每年"100、200、300、400和500元"五个个人账户缴费档次，农民参保档次选择决定着城乡居民养老保险制度的养老保障能力。从目前情况来看，参保农民普遍选择最低缴费档次。聂建亮和钟涨宝基于2012年8月至2013年8月对江西省寻乌县、浙江省温州市、湖北省广水市和山东省武城县1017个农民的问卷调查发现，93.1%参保农民选择的缴费档次为100元，200元缴费档次占2.2%，其余档次所占比例均不足1%；尽管缴费档次选择存在区域差异，但各地区绝大多数农民选择最低档次参保，这严重影响了制度的养老保障能力。[1] 鲁欢基于2010年对辽宁省阜新市彰武县175个农户的调查研究发现，高达88%的农户选择最低缴费档次100元，最低缴费档次格外"受宠"。[2] 王倩和郭文倩基于陕西省十地市的调查发现，64.8%的参保农民选择的缴费档次为每年100元的最低标准，并且67.8%的被调查农民表示不愿意提高缴费档次。[3] 董丽和陈燕平基于对广东省云浮市、梅州市、汕头市和广州市的问卷调查发现，绝大部分农民选择了最低缴费档次。[4] 黄瑞芹基于湖南省两个民族自治区的调查发现，缴纳最低档次100元的占94.9%，缴纳200元及以上的仅占5.1%。[5] 金刚和柳清瑞基于东北三省的调查发现，

---

[1] 聂建亮、钟涨宝：《新农保养老保障能力的可持续研究——基于农民参保缴费档次选择的视角》，《公共管理学报》2014年第3期。

[2] 鲁欢：《新农保最低缴费档次"受宠"原因及对策分析——基于对辽宁省阜新市彰武县400户农户调查的研究》，《社会保障研究》2012年第2期。

[3] 王倩、郭文倩：《子女结构对农民新农保缴费档次选择的影响因素分析——基于陕西省十地市的实证研究》，《中国劳动》2016年第20期。

[4] 董丽、陈燕平：《风险偏好与新农保缴费档次选择》，《统计与信息论坛》2016年第5期。

[5] 黄瑞芹：《农户社会养老保险的需求行为与潜在需求差异分析》，《世界经济文汇》2013年第6期。

选择最低缴费档次的农民比重高达 89.11%，"一刀切"补贴地区选择最低缴费档次的比例略高于"差别化"补贴地区。[①]

相关实证研究从参保档次维度研究农民的参保行为，研究一致发现，城乡居民养老保险缴费档次普遍较低，这严重制约了城乡居民养老保险个人账户基金积累速度和规模，也削弱了制度的养老保障能力，更影响到制度的可持续发展。城乡居民养老保险参保档次是参保行为的重要内容。参保档次决定着农民未来的养老保障水平，也决定着制度的养老保障能力，是参保行为概念的重要维度。

（三）参保忠诚是第三个维度

目前，城乡居民养老保险在农村推行的时间尚短，因此仍有很多不完善的地方。城乡居民养老保险存在碎片化、政策实施难、基金管理难、制度衔接难和经办服务难等问题，而且诸多问题会影响农民的参保忠诚。黄瑞琴对湖南两个贫困县的调查发现，在样本地区出现了退保现象，其中一个贫困县 2010 年的参保率比 2009 年下降了 3%。[②] 姚俊对江苏、河南、安徽、四川 4 省首批开展城乡居民养老保险试点地区的 856 个农村居民进行了问卷调查，分析结果发现，只有 79.9% 的农民没有中断参保，连续性参保行为存在自愿性不足的问题。[③] 贾宁和袁建华运用城乡居民养老保险替代率的精算模型分析证明了连续性参保对于提高城乡居民养老保险保障水平的重要性。[④]

学界研究农民参保忠诚及其影响因素的文献还不多，更多文献研究了参保忠诚对城乡居民养老保险制度可持续发展的重要性。随着城乡居民养老保险制度的推行，城乡居民养老保险参保率已经很高，但参保档次普遍很低，参保忠诚度不够，呈现参保率高、参保档次低和参保忠诚不够的现实情况。随着参保率的提升，政府和学界应该从重

[①] 金刚、柳清瑞：《新农保补贴激励、政策认知与个人账户缴费档次选择——基于东北三省数据的有序 Probit 模型估计》，《人口与发展》2012 年第 4 期。

[②] 黄瑞芹：《农户社会养老保险的需求行为与潜在需求差异分析》，《世界经济文汇》2013 年第 6 期。

[③] 姚俊：《理性选择、外部激励与新农保连续参保——基于四省的调查》，《中国人口科学》2015 年第 4 期。

[④] 贾宁、袁建华：《基于精算模型的"新农保"个人账户替代率研究》，《中国人口科学》2010 年第 3 期。

视城乡居民养老保险制度参保数量向重视参保质量方向转换，从重视吸引农民参保向提升农民参保档次和重视维持参保忠诚方向转换。已有研究从参保行为和参保档次两个维度系统分析了城乡居民养老保险的参保数量和质量状况，作为参保质量的另外一个重要议题，参保忠诚还没有引起理论界和政府的足够重视，参保忠诚是参保行为概念不可或缺的维度。

二 本书对参保行为的概念界定、维度划分及其测量

(一) 参保行为概念内涵

根据以上文献分析，本书认为参保行为是参保决策中的行为决策环节，也是一个动态的决策过程，也是参保人完成保险需求识别、信息搜寻、保险评估和参保后评估等阶段后的行为选择，还是一个包括参保数量和质量两个方面，涵盖参保选择、参保档次和参保忠诚三个维度的连续性行为决策过程。参保选择和参保档次是参保人完成保险需求识别、信息搜寻和保险评估后做出是否购买保险及购买水平的行为决策。参保忠诚是参保行为的最后一个环节，是参保人在参保后体验感知价值的基础上进行满意度和信任度评估，进而做出是否持续参保的决策，是参保人对保险忠诚的体现。参保选择的总体情况体现了参保数量，而参保档次和参保忠诚则体现了参保质量，参保行为概念内涵体现了参保数量和质量的统一。

(二) 参保行为概念的特征

1. 参保行为是参保需求和参保意愿的结果变量

社会科学中从需求到行为被认为是一个连续的过程。对城乡居民养老保险参保意愿或行为的研究发现，参保需求、参保意愿与参保行为之间存在显著差别。[①] 参保需求由养老需求引发，农民的养老需求是一个涵盖内容更广泛的概念，包括经济支持、服务供给和精神慰藉等方面。个人储蓄、家庭代际赡养和土地保障给养老需求提供了经济支持。随着农村人口老龄化加剧、劳动力人口流失和"养儿防老"

---

① 黄瑞芹：《农户社会养老保险的需求行为与潜在需求差异分析》，《世界经济文汇》2013年第6期。

观念的弱化，传统家庭保障和土地保障受到削弱，作为一项社会化的养老保险制度安排，城乡居民养老保险制度为养老需求提供了新的经济支持。参保需求由农民的养老需求出发，受到个人养老风险态度、期望养老方式和养老观念的影响从而内化为参保意愿。参保意愿又受到制度认知、从众效应、基层政治和社会动员等因素的影响，故导致了与参保意愿不相匹配的参保行为。制度认知欠缺、基层干部不作为和社会信任度低等因素会抑制参保行为；"捆绑缴费"原则、从众心理和基层动员等因素也会激励参保行为。

2. 参保行为是一个两阶段三维度的行为决策过程

参保行为是一个动态决策过程，而非静态决策结果。参保行为本身是一个过程，而不只是既定目标下的效用最大化行为。[①] 张述林提出了一种参保人行为决策过程模型，对本书参保行为的概念界定有一定的借鉴作用。[②] 根据时间和内容的不同，参保决策过程包括六个阶段：需求识别、信息搜寻、参保抉择评价、参保选择、对选择结果的评估和参保忠诚。从参保决策模型来看，参保选择是参保行为过程模型中的一个中间环节，参保选择和参保档次是保险需求识别、信息搜寻和参保抉择评价的因变量，是参保忠诚的自变量。在参保动机等内部刺激和社区文化规范等外部刺激共同影响下的心理状态对保险需求识别产生影响。当参保需求被识别时，参保人发起信息搜寻，在信息分析的基础上对城乡居民养老保险制度进行评估。参保选择和参保档次是参保人完成保险需求识别、信息搜寻和保险评估后做出是否购买保险及购买水平的行为决策。参保忠诚是参保行为的最后一个环节，是参保人在参保后在对制度满意、感知价值和转换成本评价的基础上做出的是否持续参保的决策，是参保人对城乡居民养老保险忠诚度的体现。

3. 参保行为维度之间具有独立性和相关性

作为一项自愿参加的社会保险制度，城乡居民养老保险的参保选择、参保档次和参保忠诚是制度可持续发展与保障作用发挥的前提。

---

① 朱国宏、桂勇：《经济社会学导论》，复旦大学出版社2015年版，第49页。
② 张述林：《试论投保人行为的复合决策过程》，《重庆社会科学》1996年第5期。

城乡居民养老保险参保行为包括参保数量和质量两个方面，涵盖参保选择、参保档次和参保忠诚三个维度。参保选择、参保档次和参保忠诚概念内涵和行为逻辑机理有所不同。参保选择指农民是否参保，参保档次指参保农民的缴费档次选择，参保忠诚则指农民的持续性参保行为。参保选择主要受个人特征、家庭特征、社会环境和制度认知四个层面因素的影响；参保档次更多受到经济基础、个人风险态度和政治信任等因素的影响；参保忠诚则受制度满意度、关系信任、感知价值和转换成本等因素驱动。城乡居民养老保险制度的参保选择、参保档次和参保忠诚三者密切相关。在城乡居民养老保险制度实施推广初期，由于农民对于城乡居民养老保险制度认知不充分，参保选择更多是外部激励和社会动员的结果，而非对于制度的内在认同，参保选择符合社会理性和群体规则。参保档次选择是在信息不充分条件下，农民控制投入以规避风险，偏好最低缴费档次的结果，农民这一阶段的参保行为是经济理性行为。"捆绑缴费"原则、政策激励和社会动员对于参保选择作用巨大，而对于参保档次影响甚微，出现"广而不深"的参保特征。随着制度实施的推进，农民对于制度的认知更加充分，个体理性更为完善，在经济能力、养老风险态度、价值偏好及制度满意度等因素的共同驱动下，做出是否持续参保的行为。

（三）本书对参保行为的维度划分及其测量

本书认为参保行为包括参保选择、参保档次和参保忠诚三个维度，参保选择反映了参保数量，而参保档次和参保忠诚反映了参保质量，参保行为概念内涵反映了参保数量和质量的内在统一。

2010年是城乡居民养老保险继2009年在全国部分农村地区试点推行的第二年，农民的参保选择是参保行为中的重点问题，参保档次和参保忠诚问题尚未突出显现。因此，2010年调查考察了城乡居民养老保险参保行为的参保选择维度，问卷中询问了农民一个问题："您是否已经参与城乡居民养老保险？"通过此问题进行测量。

2015年是城乡居民养老保险继2012年在全国范围内实现制度全覆盖后的第三年，随着城乡居民养老保险制度的推行和参保率的提升，参保选择不再是影响制度可持续发展的重要问题，而参保档次和参保忠诚在参保行为中的问题则更为突出。因此，2015年调查重点考察了农民的参保档次和参保忠诚。针对参保档次变量，问卷中询问了农民一个填空式问题："今年，您参保交了多少钱？"本问卷调查对象为16岁至59岁的农民，这一问题实际测量了农民的缴费金额，后文在分析过程中将其转化为"参保档次"定序变量。针对参保忠诚变量，问卷采用一个是否式的选择问题进行了测量："从政策推行至今，您家是否间断过缴费？"

鉴于两次问卷调查数据有关参保行为测量指标的差异性和互补性，本书实证研究部分基于2010年数据分析了社会资本对参保选择的影响；基于2015年数据分析了社会资本对参保档次和参保忠诚的影响。

第三章 社会资本理论演进与基本问题

第一节 社会资本理论演进

一 社会资本研究兴起的背景和原因

按照丹尼尔·贝尔（Daniel Bell）对人类社会发展阶段的划分，21世纪处于后工业社会发展阶段，而在这一阶段最重要的内容就是人与人之间的交往，社会的主要矛盾也从人与自然的关系转变为人际关系。[①] 作为人际关系的重要研究范式之一，社会资本概念在政治学、经济学、人口学、社会学及心理学等多个学科中都受到广泛关注和运用。一方面，社会资本研究的兴起具有深厚的现实基础，作为继自然资本、物质资本、人力资本后的又一要素资本，是后工业社会最重要的生产力增长源泉；另一方面，社会资本研究的兴起更体现了现代社会人们对于人际和谐、共同获益的一种价值追求。[②] 社会资本已成为21世纪最受关注的社会科学研究领域之一。

当代社会发展体现了两个方面的趋势：对个性化的强调和对"集体生活感"的要求。正如阿尔温·托夫勒（Alvin Toffler）所说，"第三次浪潮里需要的是非群体化的劳动力"和"以独创性为特征的智力劳动"。[③] 信息化时代要求的是具备思考和创新能力的独创性个体，

[①] 丹尼尔·贝尔：《后工业社会的来临》，新华出版社1997年版，第183页。
[②] 卜长莉：《社会资本与社会和谐》，社会科学文献出版社2005年版，第7页。
[③] 阿尔温·托夫勒：《第三次浪潮》，新华出版社1997年版，第428页。

只有个性化才具有真正的价值；同时，作为社会化的群体性生物，人类又需要通过建立人与人、人与组织之间的联系来消除"社会差异性引起的孤独寂寞感"，这和迪尔凯姆（Durkheim）关于社会交往有益于人的精神健康和集体生活能够消除"失范"带来的负面影响的论述相一致。①

两种不同的趋势体现了两种截然不同的行为取向：个体主义和整体主义。个体主义是西方现代化的价值观。②正如斯密所说，推动经济发展和社会进步的不是利他主义，而是对个人利益的追求。整体主义则更符合东方儒家文化圈追求和谐社会的传统理念。两种行为主义倾向彼此相分离，针锋相对。而在当今资本主义和社会主义相互学习借鉴的背景下，意识色彩逐渐淡化，个体主义和整体主义之间出现相互融合的趋势，而由于社会资本概念为个体主义和整体主义建立了连接，其逐渐受到了学者们的重视。

19世纪末以来，经济领域力量的强大和经济学的显学地位促使了理性选择范式成为社会科学的主流范式。理性选择范式认为收益最大化和成本最小化是社会运行的基本动力，制度和文化都是既定的外生变量。但是其简单地将收益最大化作为个体行动的最高准则，忽视了制度和文化的影响，反而越来越受到社会科学研究者的诟病，所以一些学者尝试将制度和文化纳入分析框架。自20世纪80年代至今，东亚国家的飞速发展引起了西方学者的热议，主流的解释有三个因素：整个社会在经济发展上具有共识；以家庭为核心的社会伦理观和关系结构；对于社会和谐价值观念的追求等。现实差异引起理论反思，在经济全球化和东西方文化、价值观念交流不断加深的背景下，社会资本逐渐成为一种重要的解释范式。③

---

① 卜长莉：《社会资本与社会和谐》，社会科学文献出版社2005年版，第9页；赵延东：《社会资本理论的新进展》，《国外社会科学》2003年第3期。
② 卜长莉：《社会资本与社会和谐》，社会科学文献出版社2005年版，第9页。
③ 杨雪冬：《社会资本：对一种新解释范式的探索》，载李惠斌、杨雪冬主编《社会资本与社会发展》，社会科学文献出版社2000年版，第20—42页。

二 社会资本的理论流变

任何一个概念在其形成阶段，往往会出现术语和概念不匹配的现象，社会资本概念也是如此。[①] 在19世纪80年代之前，社会资本概念的丰富内涵已经为人熟知，只是缺乏"社会资本"这个术语来表达。因此，有学者称社会资本概念只是"新瓶装旧酒"。帕特南的《使民主运转起来》甚至被称为托克维尔《论美国的民主》的翻版，诸如休谟、史密斯和密尔在分析资本主义公民社会时，都有类似的概念。[②] 学界长期存在有社会资本术语而无概念的现象，马克思、马歇尔和希克斯都使用过"社会资本"一词，但只是用来区分"临时性物质资本和固定性物质资本"，并没有现代社会资本概念的内涵。[③]

虽然真正意义上的社会资本概念产生较晚，但其并非一个新鲜的内容，它具有人所共知的某些社会学理论传统，而且完全继承了社会学先驱的真知灼见。[④] 尽管这个概念产生时间并不久，但基于"过去历史的智慧领悟在某种程度上是将现在推进到某个未来的手段"的理念，概念历史学者们已经对这一概念的源头进行了勘查，对于尚未得到明确界定的社会资本概念来说，这些工作是极具意义的。[⑤] 社会资本学者普遍认为"社会资本基本思想可以追溯到托克维尔、汉尼凡、雅各布斯和格里·罗瑞等人"[⑥]。之后，布迪厄（Bourdieu）、科尔曼（Coleman）、帕特南（Putnam）、福山（Fukuyama）、林南（Nan Lin）和波茨（Portes）等学者从不同角度对社会资本概念进行了研究和较为系统的论述，为后来学者的研究奠定了基础，从而社会资本概念才

[①] 詹姆斯·法尔：《社会资本的概念历史》，载周红云主编《社会资本与民主》，社会科学文献出版社2011年版，第78—108页。

[②] 同上。

[③] 迈克尔·伍考克：《社会资本与经济发展：一种理论综合与政策构架》，载李惠斌、杨雪冬主编《社会资本与社会发展》，社会科学文献出版社2000年版，第240—302页。

[④] 波茨：《社会资本：在现代社会学中的缘起和应用》，载李惠斌、杨雪冬主编《社会资本与社会发展》，社会科学文献出版社2000年版，第119—152页。

[⑤] 詹姆斯·法尔：《社会资本的概念历史》，载周红云主编《社会资本与民主》，社会科学文献出版社2011年版，第78—108页。

[⑥] 埃莉诺·奥斯特罗姆、T. K. 安：《社会资本的含义及其与集体行动的联系》，载周红云主编《社会资本与民主》，社会科学文献出版社2011年版，第109—130页。

开始有了更为广泛的发展。①

(一) 汉尼凡和杜威的社会资本概念

汉尼凡被认为是最早使用具有现代意义的社会资本概念的学者，这要归功于帕特南对概念历史的关注。而詹姆斯·法尔（James Farr）对这一概念起源进行了更为深入的探究，进而将这一概念主要归功于杜威，至少是两人的共同作用。② 尽管学界并未完全赞同这一说法，但出于明晰这一概念起源的目的，仍有必要对两人的贡献进行梳理。

1916 年，汉尼凡在一篇文章里最早提出了这一概念："这里的社会资本，不是通常意义上的资本，在这里取的是喻义，指的是能使有形物质更具价值的东西，强调个人在团体生活中获得的支持，诸如家庭、社区、社会交往和学校。"③ 值得一提的是，他将学校作为公共生活的中心，而"社会中心"思想正是其社会资本概念的来源。汉尼凡为社会中心运动的推广不遗余力，"社会中心运动构建的是不可缺少的机器，可以使已经荒废的公民和社会力量相协调，用以发展整体，而个人也可以从中获益"④。但法尔认为尽管汉尼凡首先使用了这一术语，但是"社会资本"只是他用以描述的形象化的术语，不能称他为影响深远的思想家。⑤

杜威作为哲学家和教育家的名望在 20 世纪初期是不可被超越的，有迹象表明他对社会资本进行了最权威的叙述，或许汉尼凡也正是吸收了杜威的思想才发展出了社会资本概念。⑥ 杜威的"批判实用主义"（critical pragmatism）是社会资本概念的发源地，对社会资本概念至少有三点启示：批判主义并非完全否定，还拥有建设性目的；批判实用主义重视同情，是理解和认同他人的道德共性，信任和互惠都建立在积极同情的基础上；社会资本是一种批判实用主义的术语策

---

① 赵延东：《社会资本理论的新进展》，《国外社会科学》2003 年第 3 期。
② 詹姆斯·法尔：《社会资本的概念历史》，载周红云主编《社会资本与民主》，社会科学文献出版社 2011 年版，第 78—108 页。
③ 同上。
④ 同上。
⑤ 同上。
⑥ 法尔认为这是一个极具诱惑的问题，但并没有明确的证据，至少汉尼凡阅读并引用了杜威的著作。

略。詹姆斯·法尔认为批判实用主义应当是社会资本理论的另一重要理论来源,他还从社会整体的角度论述了社会资本的意义,它不只是事关公平和正义,还是为了发挥所有个体生来就具备的资本。一个社会没有为所有人提供环境、教育和机会,不仅是对于那些人的不公平,而且是对于其自身的不公平,因为它剥夺了自己那么多的社会资本。[1]

汉尼凡和杜威处于相同的社会背景下,还具有类似的职业(教育家)和哲学立场,这使得人们有所猜测,汉尼凡是否从杜威那里得到某些启示。但这些猜测似乎并没有什么意义,我们可以认为,二人共同开启了社会资本这一学科领域。

(二)布迪厄的先驱性研究

被认为最早对社会资本概念进行理论分析的是法国社会学家布迪厄。在哲学立场上,布迪厄反对整体主义和个体主义的先在性,主张关系的首要地位。[2] 受马克思影响,布迪厄所理解的社会关系具有现实性、社会性和客观性等特点,强调客观关系优先于主观关系。并在此基础上提出了"场域"的概念,场域(filed)是"各种位置之间存在的客观关系的一个网络"[3]。场域的本质是各社会构成要素之间的联系,即社会关系网络。场域不能离开人的活动而单独存在,但一经形成就有其独立性,并对人的行为产生引导和约束作用。布迪厄由"场域"出发得出资本的概念,并将其划分为三种类型:经济资本、文化资本和社会资本,他认为各资本之间在一定条件下可以互相转换。社会资本是"实际的或潜在的资源集合体,那些资源同某种持久的网络占有密不可分,这一网络是得到公认的体制化的关系网络"[4]。

布迪厄的社会资本概念将社会资本分为两个方面:第一,社会关

---

[1] 詹姆斯·法尔:《社会资本的概念历史》,载周红云主编《社会资本与民主》,社会科学文献出版社2011年版,第78—108页。

[2] 皮埃尔·布迪厄、康华德:《实践与反思——反思社会学导论》,李猛译,中央文献出版社1998年版,第15页。

[3] 同上书,第134页。

[4] 布迪厄:《文化资本与社会炼金术》,包亚明译,上海人民出版社1997年版,第202页。

系本身；第二，资源的数量和质量。① 其社会资本概念具有以下特点：可以为其成员提供资源；是一种体制化的网络关系，并非基于血缘和亲缘建立起来的自然联系；只有被行动者利用，社会资本才以某种资源的形式表现出来，而未被利用时，则仅仅是一种网络关系；关系网络中的成员都可以从中受益，受益程度则取决于个人实践能力；社会资本的投资和获益都是长期性和持续性的；社会资本可以由经济资本和文化资本转化而来。②

在布迪厄的理论里，社会资本仍是一个次要的概念，往往从属于经济资本和文化资本，社会资本只是二者的增效器。尽管社会资本概念在布迪厄这里并没有得到完全发展，但其对于社会资本研究的开创性作用是至关重要的。③

(三) 科尔曼的系统化研究

科尔曼（James Coleman）认为宏观与微观、理论与实际相脱离的研究方法不能适应社会发展，难以对社会生活做出有力解释。④ 对个人行为的研究只有建立在社会结构分析的基础上才有意义，而社会资本理论的研究框架能够实现微观层面的个人行动与宏观层面的社会结构相结合，解决研究中脱节的现象。⑤

科尔曼认为，社会科学的核心问题在于解释社会系统的活动。最基本的社会系统包括"行动者"和"资源"，行动者为了追求利益进行资源交换，形成了持续的社会关系。⑥ "理性"行动者作为有目的的行动个体，为了获取满足自身需求的资源，追求最大化的效益，社会关系作为个体所拥有的一种资源，便产生了社会资本概念。⑦

---

① 亚历山德罗·波茨：《社会资本的：在现代社会学中的缘起和应用》，载李惠斌、杨雪冬主编《社会资本与社会发展》，社会科学文献出版社 2000 年版，第 119—152 页。
② 卜长莉：《社会资本与社会和谐》，社会科学文献出版社 2005 年版，第 32 页。
③ 周红云：《社会资本与民主治理：一个研究框架》，载周红云主编《社会资本与民主》，社会科学文献出版社 2011 年版，第 1—40 页。
④ 詹姆斯·科尔曼：《社会理论的基础》，邓方译，社会科学文献出版社 1999 年版，第 6 页。
⑤ 卜长莉：《社会资本与社会和谐》，社会科学文献出版社 2005 年版，第 35—36 页。
⑥ 同上书，第 37 页。
⑦ Coleman, J. S., *Foundation of Social Theory*, Cambridge: Belknap of Harvard University Press, 1990.

科尔曼的社会资本概念是功能性的，并且相当模糊："许多具有两个共同之处的主体，它们都由社会结构的某些方面组成，而且它们有利于行为者的特定行为——不论他们是结构中的个人还是法人"[1]。"社会资本存在于人际关系的结构之中，它既不依附于独立的个人，也不存在于物质生产过程之中"[2]。与布迪厄一样，科尔曼认为不同资本之间可以互相转化。社会资本虽然是个人拥有和可利用的资本，但它具有"公用品"的性质，往往得不到有效投资，大多是其他行动的"外部性产品"。科尔曼还提出了社会资本的五种形式：

1. 义务与期望

当个人为他人提供服务或帮助时，他人就对自己承担一定义务，就拥有了一种社会资本。社会环境的可信任程度越高，义务与期望形式存在的社会资本越普遍。

2. 信息网络

社会关系网络是个体获取信息的重要渠道，为自身行动提供便利，社会关系产生了价值，成为资本。

3. 规范与有效惩罚

规范对个体行动具有引导和约束作用。一方面，个体出于寻求群体认同和集体归属感自觉接受所在群体规范；另一方面，有效惩罚通过排除群体之外等手段约束个体行动者遵守组织准则。这类社会资本对组织目标实现和社会秩序的维护提供重要帮助。

4. 权威关系

某个行动者拥有的控制他人行动的权力就是权威关系，它能够为解决共同问题提供帮助。

5. 多功能社会组织（有意建立的社会组织）

组织的正式规则和非正式规范对成员行为有约束作用，能提高个人行动的一致性。

科尔曼认为："社会资本存在于人际关系之中，社会关系的瓦解

---

[1] 亚历山德罗·波茨：《社会资本的：在现代社会学中的缘起和应用》，载李惠斌、杨雪冬主编《社会资本与社会发展》，社会科学文献出版社2000年版，第119—152页。

[2] 詹姆斯·科尔曼：《社会理论的基础》，邓方译，社会科学文献出版社1999年版，第354页。

是导致社会资本丧失的前提。"① 尤其是随着网络时代的来临，人际关系越来越淡漠，基于人际交往而存在的社会资本将会逐渐减少。

科尔曼非常关注社会变迁过程中，社会结构的变化对社会资本产生的影响。他将社会资本分为由家庭、社区等原始性社会组织构成的传统社会资本，由企业、行政组织等构建性的正规组织构成的现代社会资本。社会转型的过程中，传统社会资本随着原始性社会组织的逐渐衰落而受到侵蚀，社会资本作为公共性产品，难以得到有效补充。现代社会资本虽然能够对传统社会资本做出一些补充，但是永远不能替代传统社会资本，并且替代过程中也存在诸多缺陷。②

社会网络的封闭性对于社会资本也有影响。一方面，封闭系统中的组织成员联系更为密切，以义务和期望形式存在的社会资本含量更高；另一方面，封闭系统中人际关系网络的广度不高，导致了社会资本存在范围的狭小，并且其社会关系网络不具有延伸性。小范围的、联系密切的社会资本对于组织的正常运行和集体目标的实现有推动作用；相反，开放系统中，人际关系虽然较弱，但是其广度较高，其关系网络具有较好的延伸性，覆盖广泛的社会关系网络能够不断延伸，使系统规模不断扩大。

个体的自立程度和政府的支持程度也会影响社会资本的产生。个体经济能力越强、政府的支持程度越高，越可能降低个体对于互助的需求程度，进而抑制社会资本的生成。

科尔曼的研究被认为是社会资本理论发展的分水岭，他不仅对社会资本概念进行了系统解释，并且将社会资本概念与人力资本概念相关联，指出社会资本对积累人力资本的重要性。他还认为社会资本的作用不仅在个人层面，还有利于解决集体问题。正如科尔曼的本意，他的社会资本研究为社会科学中宏观与微观、理论与实践的结合提供了一个重要的理论范式。③

同样，科尔曼的社会资本研究仍存在诸多局限。他的社会资本理

---

① 卜长莉：《社会资本与社会和谐》，社会科学文献出版社 2005 年版，第 39—40 页。

② 詹姆斯·科尔曼：《社会理论的基础》，邓方译，社会科学文献出版社 1999 年版，第 759—760 页。

③ 卜长莉：《社会资本与社会和谐》，社会科学文献出版社 2005 年版，第 42—43 页。

论表述受到他的单向微观—宏观因果关系假设的削弱,如同"鸡与蛋"的关系,到底是信任在先,还是作为社会资本的关系网络在先?① 如布朗所说:"科尔曼对社会资本的研究工作大部分都是重要的和富有洞察力的,只是它的定义错误需要纠正。"② 他对社会资本概念进行功能性定义,说服力不足,并对后来学者的理论研究产生了困扰;对社会资本的负面效应未充分关注,不够全面。

(四) 帕特南的社区观研究

让社会资本概念引起广泛关注的是美国哈佛大学的帕特南教授。他和同事通过对意大利地区长达 20 年的政治改革及其效果的追踪研究,说明了不同经济、文化传统对政治所造成的显著差异。帕特南在其经典的《公民传统:使民主政治运转起来》一书中,通过对诸多原因的分析研究,认为是公民参与传统导致了最终截然不同的政府效率和社会差异。北部地区政府之所以能够良好运作并极为高效,是因为北部地区居民普遍存在传统的集体活动,如唱诗班、足球俱乐部、合唱团等"水平化"的集体组织。③ 公民参与集体生活的意图并非寻求庇护和个人利益,而在于公共问题和团结。

这种公民参与的传统被称为"公民精神",它是经济发展与政府有效的社会基础。帕特南认为公民精神和水平化的公民参与网络就是社会资本,而这种做法被波茨认为是有趣的概念曲解。④ 帕特南认为:"社会资本是指社会组织的特征,诸如信任、规范以及网络,他们能够通过促进合作行为来提高社会的效率。"⑤ 公民参与网络培养了信任和互惠,为社会生活提供了协调,既体现了已有合作的成功和信

---

① 朱国宏、桂勇主编:《经济社会学导论》,复旦大学出版社 2015 年版,第 182 页。
② 托马斯·福特·布朗:《社会资本理论综述》,木子西译,《马克思主义与现实》2000 年第 2 期。
③ 与此相对应,南部地区普遍存在黑手党等"垂直化"的庇护组织,这些组织对正常的政治生活造成极大破坏,影响了政府改革的效果。
④ 亚历山德罗·波茨:《社会资本:在现代社会学中的缘起和应用》,载李惠斌、杨雪冬主编《社会资本与社会发展》,社会科学文献出版社 2000 年版,第 119—152 页。
⑤ Putnam, R. D., "Turning in, Turning out: the Strange Disappearance of Social Capital in America", *Political Science and Politics*, 1995, 28 (4), pp. 664 – 683.

任，又为以后的协作打下了基础。① 社会资本作为一种集体财产，有助于摆脱集体行动的困境和实现共同目标。

帕特南研究的社会资本主体在于群体，社会资本是集体的财产，重视社会资本对于集体目标的实现具有促进作用。社会资本是政府政策成功实施的前提，政府应当鼓励和支持社会资本的生成和发展，进而改善政策效果。政府措施应为社会组织的发展留下空间，通过水平化、志愿性组织达到提升社会资本存量的目的。

帕特南等的研究证明了社会资本对于民主政治、高效政府的重要意义。他的社会资本定义是将关系维度的信任、规范和结构维度的网络相结合，但只看到了结合产生的共同作用，却忽视了二者之间的区别。研究过于强调基层水平化、志愿性的社会组织对于信任产生的作用，而信任的产生也有赖于个体的道德培育。② 帕特南的观点存在的问题是逻辑循环论证，社会资本作为共同体，既是原因也是结果。③ 作为影响最为广泛的社会资本概念，在一定程度上误导了后来的社会资本理论研究者。

（五）福山的规范观研究

与帕特南重视结构维度的社会关系网络所不同，福山则强调关系维度，诸如信任、规范的重要性。福山的社会资本理论建立在社会信任的基础上，他认为信任是组织成员对于彼此常态合作的期待，基础是组织成员所共同遵守的规范和角色。④ 与其他形态的资本不同，社会资本建立在群体成员的信任普及程度之上。⑤

信任主要存在于家庭和社团之中，家庭提供的社会资本是指家庭内部的团结协作，通常表现为家族主义。家族内部成员之间彼此协作，而非家族成员之间则相互排斥，社会信任程度较低，这种重内轻

---

① 卜长莉：《社会资本与社会和谐》，社会科学文献出版社2005年版，第60页。
② 同上书，第58—59页。
③ 亚历山德罗·波茨：《社会资本：在现代社会学中的缘起和应用》，载李惠斌、杨雪冬主编《社会资本与社会发展》，社会科学文献出版社2000年版，第119—152页。
④ 卜长莉：《社会资本与社会和谐》，社会科学文献出版社2005年版，第63页。
⑤ 弗朗西斯·福山：《信任——社会道德与繁荣的创造》，李婉蓉译，远方出版社1998年版，第34—35页。

外的关系网络和科尔曼的"封闭式网络"一脉相承,在中国普遍存在的"关系社会"中尤其明显。与家族提供社会资本相对应的是社团提供的社会资本,表现为社团内部成员互助合作的集体主义,这种社会资本有助于促进更为广泛的社会信任,基于自愿参与的开放式关系网络能够不断扩大其自身规模和社会资本存量。[1]

福山系统论述了社会资本的功效,他认为社会资本能够降低交易成本,一个社会的社会资本含量越高,企业内成员越遵守共同的价值规范,彼此的合作就越便利,也就越有利于放大有限的人力资本;无形的道德规范可以降低有形的企业组织管理成本,有助于建立现代化管理的企业,社会信任程度低的国家的企业仍以初级的"家族式企业"为主;社会资本可以降低企业交易成本,提升政府工作效率,进而提升综合国力和国际竞争力。[2]

福山强调社会资本的获得不同于人力资本的获得,不能通过个体行动而增加,必须通过组织整体,甚至需要社会的价值观和道德培养;社会资本基于整体的价值观和文化传统,单纯个体社会资本的增减并不会影响整体社会资本存量的改变。[3] 福山还对国家如何投资和增加社会资本进行了论述:第一,社会资本通常由宗教、历史文化传统和价值观念等因素决定,国家并没有很好的手段进行改变;第二,政府最有力的手段是教育,目的不仅在于增加人力资本,更在于通过社会规范形式传播社会资本;第三,国家可以通过必要的社会福利,创造信任和安全的社会环境,间接培育社会资本;第四,国家职能的过分扩张会对社会的合作传统和能力造成破坏。[4]

福山从文化角度对社会资本进行了新的解释,强调社会资本对于经济发展甚至国家整体实力的重要性。福山对于社会资本和现代化企业关系的解释颇为深刻,强调社会信任而非"家族式网络"对于建

---

[1] 卜长莉:《社会资本与社会和谐》,社会科学文献出版社2005年版,第62—64页。
[2] 弗朗西斯·福山:《信任——社会道德与繁荣的创造》,李婉蓉译,远方出版社1998年版,第405—408页。
[3] 卜长莉:《社会资本与社会和谐》,社会科学文献出版社2005年版,第64—65页。
[4] 弗朗西斯·福山:《社会资本与公民社会》,载周红云主编《社会资本与民主》,社会科学文献出版社2011年版,第167—187页。

立现代企业的重要作用,这对于当今处于转型时期的中国企业具有一定的借鉴价值。同时,福山过于从文化角度阐释社会资本,忽视其他社会因素的作用,陷入了一种"文化决定论";另外,其对于儒家文化国家,尤其是中国家族式企业林立的现状归结于社会资本含量较低,即缺乏社会信任,褒扬日本文化,贬低儒家文化,持有文化偏见。[1]

(六) 林南的资源观研究

林南(Nan Lin)是美籍华裔社会学家,与其他学者的研究视角有所不同,他首先关注的是作为资源(社会资本)拥有者的个体及其之间的联系。他从人的行为出发,将人的行为分为两类:工具性行为和情感性行为。工具性行为服务于目的,行为只是手段;感情性行为则是目的和行动的合一。林南将资源划分为个人资源和社会资源,个人资源指财富、教育、知识等受个体支配的资源;社会资源则是镶嵌于个人关系网络中的资源,如权力、声望、社会地位等,社会资源分为工具性资源和感情性资源,存在于人与人之间的关系中,不为个体直接占有。[2]

个人资源是个体生存与发展的基础,而社会资源能够更好地满足个体生存与发展的需要,并且二者之间存在互动关系。个人的先赋性资源在很大程度上决定了其所能获得的社会资源,随着后天资源的积累,社会资源会发挥比个人资源更为重要的直接影响,个人所积累的社会资源能够转化为后代的先赋性资源。

林南认为:"社会资本是一种镶嵌在社会结构之中并且可以通过有目的的行动来获得或流动的资源。"[3] 一方面,他强调了社会资本的先在性,必须通过社会关系才能获得社会资本;另一方面,他也认为社会网络中的个体具有能动性,即可以通过有目的的行动获得社会资本。这种观点兼顾了社会结构的制约性和个体的能动性,使社会资本进一步发展成为解释人的行为的一种重要范式。

---

[1] 卜长莉:《社会资本与社会和谐》,社会科学文献出版社2005年版,第69页。

[2] 同上书,第53页。

[3] Nan, L., *Social Capital: A Theory of Social Structure and Action*, London: Cambridge University Press, 2001.

（七）波茨对社会资本理论的论述

波茨对社会资本的起源有深刻的描述，他认为社会资本是个流行却不新鲜的概念。波茨认为社会资本有四种理论传统：马克思和恩格斯的"有限度的团结"（bounded solidarity）的概念，指的是困境有助于提升团体的凝聚力；齐美尔的"互惠交易"（reciprocity transaction），指交换网络中产生的规范和义务；迪尔凯姆和帕森斯讨论的"价值融合"（value introjection），指的是价值、道德原则和信念先于契约和非正式个人目标而存在，并非完全工具性的；韦伯的"强制性信任"（enforceable trust）思想，即团体依靠不同机制实现对已有规范和制度的遵守，正式组织多依靠法律和理性机制，非正式组织则较多利用社会机制。社会资本概念完全重新继承了社会学先驱的真知灼见。①

波茨将社会资本定义为"个人通过他们的成员资格，在网络中或在更宽泛的社会结构中，获取短缺资源的能力，这种能力不是个人固有的，而是个人与他人关系中包含的一种资产"②。波茨还指出了社会网络的特征：互惠交换，存在于双方预期的交换关系之中；强制信任，组织之中强制遵守的制度规范；价值内化，一般化道德命令的约束作用；组织团结，出于团体内部认同需要而贡献资源。前两种是理性选择动力的驱使，后两种则是文化与价值观念的约束作用。③

波茨对社会资本的理论起源做出了详细的叙述，对社会资本概念作出了独特界定，他对社会资本的理解兼顾了理性选择和文化、价值观念约束的双重作用。波茨特别指出了封闭状态下社会资本的消极作用，从而更为全面地理解了社会资本。"他和科尔曼都没能把自我之间不平等权力关系的作用恰当地表述为影响创造、维护和破坏社会资本的因素。"④

---

① 亚历山德罗·波茨：《社会资本：在现代社会学中的缘起和应用》，载李惠斌、杨雪冬主编《社会资本与社会发展》，社会科学文献出版社2000年版，第119—152页。
② 托马斯·福特·布朗：《社会资本理论综述》，木子西译，《马克思主义与现实》2000年第2期。
③ 卜长莉：《社会资本与社会和谐》，社会科学文献出版社2005年版，第46—47页。
④ 托马斯·福特·布朗：《社会资本理论综述》，木子西译，《马克思主义与现实》2000年第2期。

(八) 其他重要学者的研究

除了上述几位学者的社会资本概念与理论研究之外，还有一些学者的研究为社会资本理论增添了新内容，如格兰诺维特（Granovetter）的弱关系理论、博特（Burt）的结构洞（structural hole）理论、伍考克（Woolcock）对社会资本经济效应的论述及托马斯·福特·布朗从微观、中观、宏观三个层面的理解等，这些研究都丰富了社会资本概念与理论研究。

格兰诺维特之前的社会学界普遍认为强关系的作用优于弱关系。格兰诺维特则认为相比强关系，弱关系才是更重要的信息来源，因为弱关系可以使人获得非重复、非冗余的信息。具有强关系的两个个体往往是同一群体或同一阶层的成员，通过强关系获得的信息往往是已知的、重复而多余的信息。同时，弱关系还起着跨越网络单元的"信息桥"作用，往往是两个网络单元之间信息交流的关键通道，对于信息扩散来说，弱关系比强关系传播得更广，更具有信息流通优势。格兰诺维特还认为弱关系是联系社会微观结构与宏观结构的中介，对于社会群体动员也具有重要影响。[1] 之后的学者普遍接受了这一观点，甚至认为弱关系应该成为现代化社会关系网络的特征，而不应该由宗族和血缘关系所维系。[2]

在复杂的社会网络结构之中，网络系统中的信息和资源都会按照既有的网络结构传播和流动，处于不同位置的个体获取信息和资源的能力不尽相同，社会网络中的"结构洞"连接了两个网络单元，实现了异质性信息的传递，具有信息支配和收益权。博特的结构洞理论吸收了弱关系理论的内容，通过与分散、非重复的联接点相联系的弱关系比强关系具有更好的优势。与格兰诺维特不同的是，波特强调的是网络的重复或不重复，并非强弱。博特依据结构洞理论分析了市场竞争行为，认为在非完全竞争的市场之中，由于资本的流动性不足，收益取决于其投到什么关系之中，社会资本成为关键变量。在网络关系中处于有利位置的一

---

[1] 刘少杰主编：《西方经济社会学史》，中国人民大学出版社2013年版，第230—232页。

[2] 詹姆斯·吉布森：《社会网络、公民社会与巩固俄罗斯民主转型的前景》，载周红云主编《社会资本与民主》，社会科学文献出版社2011年版，第243—274页。

方能够获得及时、有效的信息和控制信息流动,进而获得竞争优势。与林南关注结构中人的作用不同,博特认为"从谁那里获取资源从属于如何通过网络结构获取这些资源"①。因此,个体对于社会资本的研究是不必要的,专注于网络结构有助于理论的一般化。然而多数关系网络都是特殊主义的,难以离开对"谁"的问题的讨论。尽管博特的结构洞理论在一般化社会资本理论方面存在缺陷,但在经验分析中却很有生命力,将其作为中观层次上解释社会资本理论的方法,在微观层次和宏观层次进行细致分析,那么它就是一个显著的成就。②

　　迈克尔·伍考克高度肯定了社会资本对于经济发展和社会进步的意义,市场中各方以一种信任、合作的精神进行交易和生产,能够降低交易成本,提高生产率,推进经济发展和社会进步。③ 同时,通过对社会资本研究现状的整理,伍考克还指出社会资本研究中存在的四个局限:第一,来自不同社会学传统的社会资本的修正主义者有利用太少理论解释太多现象的危险;第二,社会资本概念解释较为混乱,没有说出社会资本是社会关系的基础还是内容,是"中介"还是"信息",或者二者皆是,并且难以区分社会资本的来源和从中得到的收益;第三,由于前面两个原因,造成了社会资本可以为政治领域相矛盾的公共政策提供辩护;第四,多数关于社会资本的论述都认为其应该扩张到最大限度,却低估了社会资本的负面效应。伍考克还区分了自上而下的和自下而上的发展与社会资本的形态,并以此为视角指出社会资本与经济发展存在的困境。他认为社会资本的研究者必须对其进行批判、明确,对其含义进行推敲,避免其"被政策的空谈家充当为理性的观点,成为新闻记者的陈词滥调,成为最后的忘却"④。伍考克认为社会资本研究理论的研究应注意以下几点:社会资本理论并不是对理性主义或社会文化影响的主张,而是对经济生活的社会结

---

① 托马斯·福特·布朗:《社会资本理论综述》,木子西译,《马克思主义与现实》2000年第2期。
② 朱国宏、桂勇主编:《经济社会学导论》,复旦大学出版社2015年版,第184页。
③ 卜长莉:《社会资本与社会和谐》,社会科学文献出版社2005年版,第72—73页。
④ 亚历山德罗·波茨、帕特里夏·兰多特:《社会资本的下降》,载李惠斌、杨雪冬主编《社会资本与社会发展》,社会科学文献出版社2000年版,第303—311页。

构解释更合理的探讨；社会资本的定义应该首先集中在其来源而不是结果；社会资本具有某些独特性，既可以用于发展，也可以用于破坏；既给予收益也消耗成本，而不同层次社会资本的联合决定了成本与收益之差。①

托马斯·福特·布朗认为，社会资本研究的挑战在于构建社会资本的理论含义。他的定义是系统主义的观点："社会资本是按照构成社会网络的个体自我间的关系类型在社会网络中分配资源的过程系统。"布朗分别从微观、中观、宏观三个层面对社会资本概念进行阐述：微观层面称为嵌入自我的观点，在这个层面上讨论的是在特定社会结构情境下，个体通过社会网络调动资源的潜力；中观层面的社会资本分析称为结构的观点，关注的是网络结构化的过程及结构对于资源流动方式的影响；宏观层面的社会资本观点称为嵌入结构的观点，此层面关注的是文化、政治和经济对网络结构的影响。三个层面的分析并不排斥，而是相互作用，根据问题的不同而各有侧重。布朗认为社会资本的一般理论必须满足两个标准：一是概念表述必须在理论上保持各个分析层面的统一；二是社会资本理论必须用作用、动因和社会结构化的理论加以区别说明。布朗还根据交易的不同动机，区分了社会资本网络的三种理想类型：经济类，指受经济利益驱动的自我网络；地位类，指受声望考虑驱动的自我网络；社交活动类，指自我按照利他主义动机建立联系的网络。②

第二节 社会资本的分析层次与测量

一 社会资本分析层次、概念及其特征
（一）社会资本的分析层次

作为一个跨学科研究的概念，不同学者基于自身的学科背景对社会资本进行了不同的阐述。社会资本是一个抽象性的概念，从不

---

① 迈克尔·伍考克：《社会资本与经济发展：一种理论综合与政策构架》，载李惠斌、杨雪冬主编《社会资本与社会发展》，社会科学文献出版社 2000 年版，第 240—302 页。

② 托马斯·福特·布朗：《社会资本理论综述》，木子西译，《马克思主义与现实》2000 年第 2 期。

同的分析层次解读社会资本有助于更加全面地理解和运用社会资本概念。

社会资本的早期研究关注微观层面，布迪厄和科尔曼都关注个体如何镶嵌于社会关系网络并通过关系网络获取资源的能力。科尔曼还为微观社会资本过渡到宏观社会资本提供了理论基础。奥斯特罗姆关注的是中观层面社会资本，强调社会资本的公共物品特征和解决集体行动问题的能力。斯蒂格利茨（Stiglitz）关于组织理论和社会资本的论述也属于中观层面社会资本的研究。[1] 特纳（Turner）将社团单元和组群单元作为中观层面社会资本进行分析，并且不同层次之间存在渗透和互动。[2] 帕特南的社会资本和经济社会发展差异的研究则是社会资本宏观层面研究的经典代表；福山关于信任和经济绩效的研究也属于宏观层面的理论分析。

关于社会资本理论分析层次的研究，最著名的当数托马斯·福特·布朗。他在总结前人理论研究的基础上，从系统主义视角出发，从要素、构成和环境三个维度将社会资本划分为微观、中观和宏观三个分析层面。从由高到低视角看，人们满足基本需求的宏观制度安排会影响不同社团和组群单元的形成，同时限制面对面交往的进行。从由低到高的视角来看，社团单元和组群单元由面对面互动所维系，同时宏观制度的力量则由社团和组群单元构成。图 3-1 概括了不同层次间的相互渗透。[3]

通过对社会资本理论的梳理分析发现，社会资本的分析层次可分为微观、中观和宏观三个层次：个体是微观层面社会资本的主体，组织是中观层面社会资本的主体，国家和社会则是宏观层面社会资本的主体，各层面社会资本之间并非孤立存在，而是相互渗透和相互影响。

---

[1] 约瑟夫·E. 斯蒂格利茨：《正规的、非正规的制度》，载帕萨·达斯古普特、伊斯梅尔·撒拉格尔丁编《社会资本：一个多角度的观点》，张慧东等译，中国人民大学出版社 2005 年版，第 74—87 页。

[2] 乔纳森·H. 特纳：《社会资本的形成》，载帕萨·达斯古普特、伊斯梅尔·撒拉格尔丁编《社会资本：一个多角度的观点》，张慧东等译，中国人民大学出版社 2005 年版，第 122—182 页。

[3] 同上。

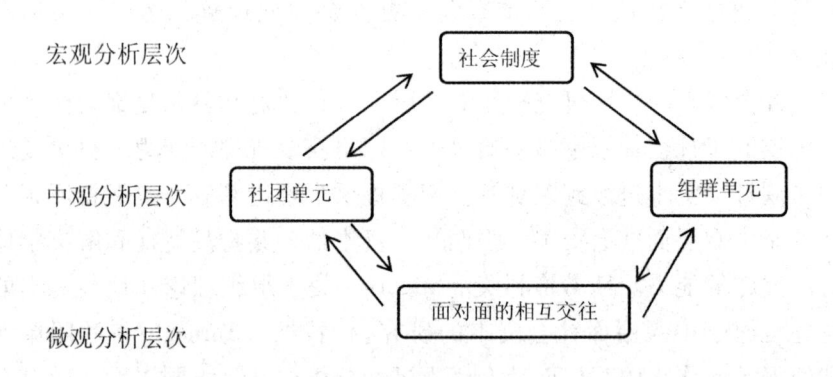

```
宏观分析层次              社会制度

中观分析层次      社团单元        组群单元

                     面对面的相互交往
微观分析层次
```

图 3-1 宏观、中观、微观层次社会资本的关系
资料来源：乔纳森·H. 特纳《社会资本的形成》。

（二）社会资本的概念分析

虽然已有诸多学者对社会资本概念的内涵进行了阐述和分析，但社会资本概念并未得到真正明确。基于此，笔者希望从某些特定角度对这一概念进行审视：作为一种重要的解释范式；社会资本与其他形式资本的关系；社会资本效用的两面性，以便更好地理解社会资本概念。

社会资本概念是一种重要的解释范式。社会资本概念之所以受到广泛关注，一个重要的原因就在于其强大的解释力。伍考克指出，社会资本的最大价值在于其为多学科和跨学科方法进行广泛探讨提供了可靠起点。[1] 社会资本概念不仅能够解释微观层面个体行为的内在动力和约束机制，还能够解释宏观层面经济发展与政府效率的差异。微观层面和宏观层面社会资本存在互补性，其不仅影响了经济效果，而且具有相互强化的作用。[2] 社会资本为微观层面与宏观层面相结合提供了研究范式。

---

[1] 迈克尔·伍考克：《社会资本与经济发展：一种理论综合与政策构架》，载李惠斌、杨雪冬主编《社会资本与社会发展》，社会科学文献出版社 2000 年版，第 240—302 页。

[2] 乔纳森·H. 特纳：《社会资本的形成》，载帕萨·达斯古普特、伊斯梅尔·撒拉格尔丁编《社会资本：一个多角度的观点》，张慧东等译，中国人民大学出版社 2005 年版，第 122—182 页。

1. 作为微观层面的解释范式

科尔曼认为，对于社会行为的描述存在两种倾向：一是社会学家的特征，即将个体看作完全是社会性的，其行动通过社会准则和职责加以规范，通过社会环境被决定、约束和改变。二是经济学家的特征，把个体看作具有独立性实现的目标，独立行事和完全利己，具有效用最大化和成本最小化的行为准则。社会取向的观点忽视了个体行为的内在动力即个体能动性，这是"过度社会化"的观点，经济学规避了价值观、群体规范对个体行为的影响，这是"低度社会化"的观点。[1] 波茨认为社会网络具有互惠交换、强制信任、价值内化和组织团结四个特征。前两种是理性选择动力的驱使，后两种则是文化与价值观念的约束作用。[2] 社会资本概念避免了理性选择范式和社会环境决定范式的不足，实现了个体能动性和社会约束机制的结合，成为解释个体行为的重要范式。

2. 作为中观层面的解释范式

微观层面的社会资本包含以面对面互动在内的各种形式的社会交往，这种交往降低了正规监督和惩罚成本，并且其使用不但不会减少反而会增加社会资本。这种社会交往形式的不断扩张对社会整体产生影响。[3] 社会资本概念从产生时，就避免了个人主义和集体主义相对立的方法论倾向。正如科尔曼所期许的，社会资本概念成功地为社会科学中宏观与微观的结合提供了一个重要的解释范式。[4] 作为一种解释范式，社会资本更重要的价值在于"过渡层面"的价值，即实现微观到中观、中观到宏观的理论跨越，尽管这一理论框架到目前为止仍是不成熟的。

---

[1] 詹姆斯·S. 科尔曼：《人力资本创造中的社会资本》，载帕萨·达斯古普特、伊斯梅尔·撒拉格尔丁编《社会资本：一个多角度的观点》，张慧东等译，中国人民大学出版社2005年版，第15—49页。

[2] 卜长莉：《社会资本与社会和谐》，社会科学文献出版社2005年版，第46—47页。

[3] 乔纳森·H. 特纳：《社会资本的形成》，载帕萨·达斯古普特、伊斯梅尔·撒拉格尔丁编《社会资本：一个多角度的观点》，张慧东等译，中国人民大学出版社2005年版，第122—182页。

[4] 卜长莉：《社会资本与社会和谐》，社会科学文献出版社2005年版，第42—43页。

3. 作为宏观层面的解释范式

社会资本概念引起广泛关注的重要原因之一在于20世纪八九十年代东亚国家经济获得飞速发展。西方学者在对于东亚国家经济发展的诸多原因的反思中，有种看法逐渐在论据的可信度上占据了优势，展现了东亚国家发展的三个机制：东亚国家整个社会具有发展目标上的共识；以家庭为核心的社会伦理观念和社会关系结构；国家与社会的和谐关系。[①] 埃莉诺·奥斯特罗姆（Elinor Ostrom）对贫困地区援助公共设施效果及其原因的研究表明，社会资本能够有效克服集体行动的困境，对于贫困问题的解决和地区经济发展提供了思路。[②] 帕特南和其同事对于意大利行政区20年改革效果的追踪调查发现，基层水平化志愿组织所体现的公民精神对于民主政治和政府绩效有重要影响。[③] 社会资本概念已经成为贫困、经济发展和政府效率、民主政治和公共治理问题研究的重要范式。

（三）社会资本的特征分析

1. 社会资本与其他形式资本的关系

社会资本已经成为继自然资本、物质资本和人力资本之后的又一新生产要素，成为后工业时代最重要的生产力增长源泉。伍考克指出了种族经济研究的发现，移民虽然缺乏物质资本、工作技能、流利的英语等人力资本，但是可以借助其社会关系网络开创新的生活。社会资本对物质资本和人力资本具有一定的替代作用。[④] 布迪厄和科尔曼都曾指出社会资本和经济资本、文化资本之间可以相互转化，林南则说明了个人先赋性资源和社会资本之间相互转换的关系。[⑤]

奥斯特罗姆区分了社会资本与物质资本的差别：第一，社会资本

---

① 杨雪冬：《社会资本：对一种新解释范式的探索》，载李惠斌、杨雪冬主编《社会资本与社会发展》，社会科学文献出版社2000年版，第20—42页。
② 埃莉诺·奥斯特罗姆：《社会资本：流行的狂热抑或基本的概念》，龙虎译，《经济社会体制比较（双月刊）》2003年第2期。
③ 罗伯特·D.普特南：《繁荣的社区：社会资本与公共生活》，载李惠斌、杨雪冬主编《社会资本与社会发展》，社会科学文献出版社2000年版，第155—164页。
④ 迈克尔·伍考克：《社会资本与经济发展：一种理论综合与政策构架》，载李惠斌、杨雪冬主编《社会资本与社会发展》，社会科学文献出版社2000年版，第240—302页。
⑤ 卜长莉：《社会资本与社会和谐》，社会科学文献出版社2005年版。

与物质资本区别在于它不会因为使用但会因为不使用而枯竭；第二，与物质资本不同的是，社会资本不容易被发现、观察和测量；第三，与物质资本相比，社会资本更难通过外部干预而建立；第四，政府机构强烈影响着个人追求长期发展目标的社会资本类型与范围。社会资本并不是万能的药剂，而是自然资本、物质资本和人力资本的必要补充。仅仅依靠社会资本并不能促进发展，所有资本都是发展所不可缺少的。[1] 社会资本服务于物质资本和人力资本，只有实现与其他资本的结合，社会资本才能发挥最大作用。[2]

经济学从排他性和竞用性两个角度对资源的性质进行了划分，物质资源和人力资源都可以为个体所拥有，而社会资本则具有公共物品的性质。关于这一点，科尔曼最早进行了阐述：他认为社会资本虽然是可以为个人拥有和利用的资本，但它具有"公用品"的性质，往往得不到有效投资，大多是其他行动的"外部性产品"，难以得到有效投资。[3] 帕特南也认为社会资本不同于常规资本，往往是其他社会活动的副产品，不能由私人部门提供。[4]

2. 社会资本效用的两面性

社会资本概念之所以在20世纪90年代成为最受关注的内容，原因之一在于其所产生的重要作用。科尔曼对社会资本采取的是功能性的定义，尽管这种定义存在缺陷，并受到波茨等学者的批评[5]，但功能性研究依然是社会资本理论研究的核心内容之一。不同层次的社会

---

[1] 埃莉诺·奥斯特罗姆：《社会资本：流行的狂热抑或基本的概念》，龙虎译，《经济社会体制比较（双月刊）》2003年第2期。

[2] 罗伯特·M.索罗：《关于社会资本与经济绩效的评注》，载帕萨·达斯古普特、伊斯梅尔·撒拉格尔丁编《社会资本：一个多角度的观点》，张慧东等译，中国人民大学出版社2005年版，第7—12页。

[3] 詹姆斯·S.科尔曼：《人力资本创造中的社会资本》，载帕萨·达斯古普特、伊斯梅尔·撒拉格尔丁编《社会资本：一个多角度的观点》，张慧东等译，中国人民大学出版社2005年版，第15—49页。

[4] 罗伯特·D.普特南：《繁荣的社群——社会资本与公共生活》，载帕萨·达斯古普特、伊斯梅尔·撒拉格尔丁编《社会资本：一个多角度的观点》，张慧东等译，中国人民大学出版社2005年版，第155—164页。

[5] 亚历山德罗·波茨：《社会资本：在现代社会学中的缘起和应用》，载李惠斌、杨雪冬主编《社会资本与社会发展》，社会科学文献出版社2000年版，第119—152页。

资本均有不同的作用，并且为各个层次之间的分析建立了联系。诚如奥斯特罗姆所说"社会资本的应用或许是有益的，或者是有害的，也或者仅仅是一种挥霍"，"或许是克服集体行动困境以实现经济绩效的核心基础，也或许是很快被扔到万灵药的垃圾"。[①] 社会资本作用的两面性是社会资本概念与理论研究需要回应的问题。

二 社会资本的维度及其测量
（一）社会资本的维度分析

关于社会资本的理论研究通常把社会资本划分为社会网络结构型社会资本（Structural Social Capital）和信任、价值和规范认知型社会资本（Cognitive Social Capital）。科尔曼论述了家庭社会资本的结构性和关系性维度，家庭中的社会资本是孩子与父母之间的关系，孩子能否获得成年人的人力资本依赖于成年人和孩子相处的时间和关注程度，成年人不常在家可以看作家庭社会资本的结构性缺陷，成年人和孩子之间缺乏强有力联系可看作关系性缺陷。[②] 帕特南的定义同样指出了结构型和认知型社会资本的分类，社会网络属于结构性社会资本，信任、互惠和规范则属于关系性社会资本。尽管科尔曼和帕特南在他们对社会资本的定义中都包含了结构型和认知型的分类，但他们所做的描述多于分析。[③]

诺曼·厄普霍夫（Norman Uphoff）根据社会资本的来源及表现、领域和动力因素等标准将社会资本划分为"结构型社会资本"和"认知型社会资本"（见表3–1）。[④] 结构型分类和各类社会组织相联系，认知型分类是从智力过程及其引起的思想中得来的，并被文化和

[①] 埃莉诺·奥斯特罗姆：《社会资本：流行的狂热抑或基本的概念》，龙虎译，《经济社会体制比较（双月刊）》2003年第2期。

[②] 詹姆斯·S.科尔曼：《人力资本创造中的社会资本》，载帕萨·达斯古普特、伊斯梅尔·撒拉格尔丁编《社会资本：一个多角度的观点》，张慧东等译，中国人民大学出版社2005年版，第15—49页。

[③] 诺曼·厄普霍夫：《理解社会资本：学习参与分析及参与经验》，载帕萨·达斯古普特、伊斯梅尔·撒拉格尔丁编《社会资本：一个多角度的观点》，张慧东等译，中国人民大学出版社2005年版，第273—316页。

[④] 本书认为认知型社会资本和关系型社会资本内容一致。

意识形态加强。结构型社会资本中的社会组织要素有利于推动集体行动,降低交易成本,从可以预测和有利的合作中创造生产性结果;认知型社会资本则可以使合作行为合理化并更为可敬。社会资本的这两个领域是被内在地联系在一起的,结构型社会资本是外在和可以观察到的,认知型社会资本更多以强化结构型社会资本而存在。两类社会资本具有相互依赖性,都是通过期望机制来影响行为,两种现象以经验为条件,靠文化、时代精神来强化。两者最终都是精神的,社会结构能使信任、规范和价值观念更为客观化和具体化,即使其源于主观的价值和评价,却能为社会资本这个抽象概念赋予真实性。①

表 3-1　　　　　　　　**社会资本的基础分类**

	结构型	认知型
来源及表现	任务和规则	规范
	网络和人际关系	价值
	程序和先例	态度和信仰
领域	社会组织	公民文化
动力因素	水平连接	信任、团结
	结构型	认知型
	垂直连接	合作、大方
一般要素	导致合作行为的期望、产生互利的期望	

资料来源:诺曼·厄普霍夫的《理解社会资本:学习参与分析及参与经验》。

安妮鲁德·克里希娜(Anirudh Krishna)提出的制度资本和关系资本的分类对应于厄普霍夫的结构型资本和认知型资本,并认为制度资本和关系资本无法在其纯粹类型中被经验性地发现,兼而有之的表现形式则最有可能,并且合作行为最可能从制度资本和关系资本的组合中产生。他以两种不同的表现形式作为社会资本的分析范畴,以制度资本和关系资本为维度划分了四个象限,并提出了相应的改进措施

---

① 诺曼·厄普霍夫:《理解社会资本:学习参与分析及参与经验》,载帕萨·达斯古普特、伊斯梅尔·撒拉格尔丁编《社会资本:一个多角度的观点》,张慧东等译,中国人民大学出版社2005年版,第273—316页。

（见表3-2）。①

表3-2　　　　　社会资本的制度性维度和关系性维度

制度资本 \ 关系资本	强	弱
强	（1） 特征：有价值的社会资本 任务：扩大行动范围	（2） 特征："强有力"的组织 任务：合法化、强化
弱	（3） 特征："传统"的联系 任务：引入规则和制度	（4） 特征：不规则、分散的 任务：发展结构和准则

资料来源：安妮鲁德·克里希娜的《创造与利用社会资本》。

（二）社会资本的测量

社会资本的测量是社会资本研究尤其是实证研究学者必须面对的一个问题。对社会资本概念进行测量可以使这个抽象的概念更容易被感知和认识，有助于使人们意识到它的重要作用，有助于投资者和社会组织构建社会资本。对于基本概念尚未得到真正明确的社会资本来说，其测量方法和指标体系大相径庭。本书对已有学者的研究进行梳理和总结，以系统化的视角进行审视和比较。按照上文对于社会资本的层次分析，对于社会资本测量可分为微观、中观和宏观三个层面。

1. 微观层面社会资本的测量

对于微观层面的个体而言，他所拥有的社会关系网络的特征决定了他的社会资本拥有量。布迪厄认为个人拥有的社会资本可以从两个方面衡量：一是个体能够有效利用的网络关系的规模；二是该网络成员拥有的其他资本的数量。科尔曼认为个人社会资本拥有量与个人参加的社会团体数量、个人的社会网络规模和异质性程度及个人从网络

---

① 安妮鲁德·克里希娜：《创造与利用社会资本》，载帕萨·达斯古普特、伊斯梅尔·撒拉格尔丁编《社会资本：一个多角度的观点》，张慧东等译，中国人民大学出版社2005年版，第91—121页。

获取资源的能力成正比,所以应从这三个方面衡量。林南将社会资本视为嵌入在关系网络中的资源,可以从嵌入在社会网络中的资源及个体在网络中的位置两个要素来测量个体所拥有的社会资本。贝克尔通过社会关系网络的测量来评估个体社会资本,提出四个测量指标:个体社会网络的结构、规模、成分和侧重点。[1]

由以上学者的研究可以看出,微观层面社会资本即个体拥有的社会资本的测量主要包括以下几个方面:一是个体拥有的社会网络的规模,一般用近一段时间内,个体所联系和交往的人员、参加的社会组织的数目等指标来衡量;二是社会网络的结构,包括个体拥有的密友数量及联系的程度;三是个体获取资源的能力,主要指个体在关系网络中的位置;四是关系网络的质量,即关系网络的异质化程度,异质化程度越高,社会资本含量越高。

贝克尔将个体拥有的社会关系网络划分为两种理想类型:第一种"内向型"网络,特点是网络规模较小、较为密集、网络组成简单、侧重内部关系;第二种是"外延型"网络,网络规模较大、不太密集、网络组成复杂、侧重外部关系。[2] 这和科尔曼关于社会网络封闭性对社会资本影响的分析较为相似,对于个体而言,最好的关系网络应该是符合自身目标和实际状况的那种。一般来说,对于寻求情感交流和"集体生活感"的个体而言,第一种更为合适;对于寻求发展和自我提升的个体而言,第二种更为合适。具体见表3-3:

表3-3 社会关系网络理想类型及其特点

	内向型网络	外延型网络
网络规模	较小	较大
网络密度	较低	较高
网络构成	简单	复杂
网络的封闭性	高	低
适合的个体特征	寻求"集体生活感"	寻求个体发展

资料来源:根据贝克尔关于社会资本理想类型的划分整理。

---

[1] 朱国宏、桂勇主编:《经济社会学导论》,复旦大学出版社2015年版,第212页。
[2] 同上书,第213页。

2. 中观层面社会资本的测量

中观社会资本的测量主要涉及组织内部社会资本含量的测量。而组织内部社会资本的测量需要考虑结构维度和关系维度的测量。结构维度主要包含组织规模、成员数量、组织结构和联结方式等内容，关系维度则涉及组织成员之间的信任水平、价值观念的一致化程度等因素。对于组织社会资本水平的实证研究仍较少。与之相关的是，企业作为社会资本中观层面的主要代表，对于企业社会资本和企业治理的实证研究较为丰富，尤其是东亚经济奇迹引发了学界对于"经理式企业"优于"家族制企业"这一论断的怀疑，从而引起了诸多学者的关注。对于企业社会资本的测量，福山曾提出了"剩余溢价"的测量方法：公司收购报价前后的市值变化。这种溢价并不是纯粹的社会资本衡量的标准，因为难以将社会资本从无形资本中相分离，组织溢价包含一定人力资本的成分，但社会资本会在剩余溢价中占主要地位。①

中观层面和微观、宏观的社会资本测量存在差异：一方面，中观社会资本由"聚内型"社会资本和"联外型"社会资本构成，二者之间并非简单的抵减关系，其关系性质取决于组织目的、联结方式等诸多因素；另一方面，社会资本自身也会产生负面效应，测量的社会资本往往是中和的结果，和产生的正负效应之间难以对应。更为重要的是，中观层面作为微观和宏观社会资本的过渡层面，往往在两个层面之间存在互动和相互联系，而这种影响难以通过中观层面的单独测量加以呈现。

3. 宏观层面社会资本的测量

帕特南和赫利维尔对意大利地区社会资本水平的测量是基于公民社团参与的指标，诸如投票率、报纸阅读率、志愿组织规模等。② 对于美国社会社会资本水平的考察基于5个主观维度的14个复合指标的指标体系，包括对社区组织生活的测度、公共事务的参与测度、社

---

① 弗朗西斯·福山：《社会资本与公民社会》，载周红云主编《社会资本与民主》，社会科学文献出版社2011年版，第167—187页。

② 约翰·赫利维尔、罗伯特·D. 帕特南：《意大利的经济增长与社会资本》，载帕萨·达斯古普特、伊斯梅尔·撒拉格尔丁编《社会资本：一个多角度的观点》，张慧东等译，中国人民大学出版社2005年版，第319—336页。

区志愿活动测度、非正式交往测度和信任测度等内容，从而得出社会资本整体水平下降的结论。① 关于社会资本对经济绩效的影响的著名经验研究之一是科纳克和科菲的"社会资本带来经济效益吗"的研究，该研究利用"世界价值观调查"（World Values Survey）资料，考察社会资本对于经济绩效的影响，选取的指标是信任、合作准则与协会。② 格鲁塔尔特（Grootaert）在分析印度尼西亚社会资本和家庭福利与贫穷之间的关系时，用联系的紧密程度、内部差异、参加聚会的频繁程度、成员对决策的有效参与、借贷情况及联系的社区导向来测量社会资本。科纳克在对美国社会资本与政府质量的研究中，对于州层面社会资本进行测量采用三个方面的指标：第一是对人际间信任度的衡量；第二是基于反映民主责任感的实际行为；第三是居民对于志愿活动的参加比例。③

目前来看对于宏观社会资本测量的方法主要有两种：一是对于人们相互信任的度量，例如"世界价值观调查"（World Values Survey）对40多个国家人际间信任水平的测量，还有全美民意研究委员会的"综合社会调查"（General Social Survey）。怀特雷（Whiteley）甚至认为只有两种信任才能构成社会资本：一是对个人的信任；二是对国家的信任。信任则是测量社会资本的唯一要素。④ 而这种调查获得的数据可信度在很大程度上依赖于回答者的可信程度，有学者甚至认为根本不存在普遍信任，存在的只是不同类型的人出于不同原因表达出的不同类型的信任而已；⑤ 二是对于社会组织数量、组织规模、投票率等可观察的行为测量，帕特南运用的就是这种方法。这种方法比主观

---

① 罗伯特·D. 帕特南：《独自打保龄球：美国下降的社会资本》，载李惠斌、杨雪冬主编《社会资本与社会发展》，社会科学文献出版社 2000 年版，第 165—176 页。

② Knack, S. and Keefer, P., "Does Social Capital have an Economic Payoff? A Cross-country Investigation", *Quarterly Journal of Economics*, 1997, 112 (4), pp. 1251 - 1288.

③ 斯蒂芬·科纳克：《社会资本与政府质量：以美国为例》，载周红云主编《社会资本与民主》，社会科学文献出版社 2011 年版，第 355—277 页。

④ 杨缨：《信任视角下社会资本的界定、测度和验证》，经济科学出版社 2014 年版，第 35 页。

⑤ 肯尼斯·纽顿：《政治信任与政治疏离：社会资本与民主》，载周红云主编《社会资本与民主》，社会科学文献出版社 2011 年版，第 411—443 页。

的信任水平调查更为可信,但同时也忽略了对信任、互惠等关系维度的测量。也有学者综合两种方法进行测量,帕梅拉·帕克斯顿的关于社会资本与民主的研究选取的就是"世界价值观调查"和"国际社团联盟"的数据。[1]

Norris 认为社会资本测量存在三个问题:第一,排除非正式网络;第二,测量结构维度而忽视关系维度;第三,考察个体层次却没有考察集体层次。[2] 社会资本概念面临的主要问题就是测量存在困难,而这也是社会资本概念备受阿罗、索洛等学者质疑的主要原因。[3] 格鲁塔尔特和巴斯蒂勒认为:"社会资本概念测量遇到的挑战在于区分出情境相关的社会资本指标,并建立起与相关指标的经验联系。"[4] 社会资本难以测度的原因并不是缺少关于社会资本的数据,而是并不清楚应该测度的对象。[5] 因为社会资本是一个极为抽象化的概念,并没有直接的指标和数据能够衡量其水平,实证研究者只能通过某些替代变量来测量和计算,而不同学者所理解的社会资本内涵不同,选用的指标存在较大差异,极大影响了跨地区社会资本水平的对比研究,不利于社会资本的规范化发展,测量难题已成为制约社会资本概念与理论发展的重要问题。

第三节 社会资本理论研究的基本问题

大概没有哪个概念能像社会资本一样,迅速成为社会科学最热门

---

[1] 帕梅拉·帕克斯顿:《社会资本与民主:一种相互依赖的关系》,载周红云主编《社会资本与民主》,社会科学文献出版社2011年版,第381—410页。

[2] 周红云:《社会资本与民主治理:一个研究框架》,载周红云主编《社会资本与民主》,社会科学文献出版社2011年版,第1—40页。

[3] 肯尼斯·J. 阿罗:《关于社会资本的研究报告》,罗伯特·M. 索洛:《关于社会资本与经济绩效的评注》,载帕萨·达斯古普特、伊斯梅尔·撒拉格尔丁编《社会资本:一个多角度的观点》,张慧东等译,中国人民大学出版社2005年版,第1—12页。

[4] 索菲·庞休克斯:《社会资本的概念:一个批判性的回顾》,载周红云主编《社会资本与民主》,社会科学文献出版社2011年版,第44—76页。

[5] 帕萨·达斯古普特:《经济发展与社会资本观》,载帕萨·达斯古普特、伊斯梅尔·撒拉格尔丁编《社会资本:一个多角度的观点》,张慧东等译,中国人民大学出版社2005年版,第411—512页。

的研究领域,大量学者的研究成果不但没有使这一概念得到明确,反而使其更为复杂。和上文相对应,繁荣的背后隐藏着许多问题:社会资本的真正内涵应该包括什么;不同层面社会资本的理论分析和跨层次的分析框架是什么;社会资本应该如何测量。社会资本的研究有必要澄清这些关键问题,尽管这是极为困难的,却也是极为有益的。

(一) 社会资本的真正内涵

因为其意义的丰富性和争议性,"每篇关于社会资本的论文无不以抱怨其语义散乱为开端",仿佛已成为社会资本研究不成文的规则,而这对于实证研究学者和概念历史学者来说是非常棘手的。[1] 纵观学者的研究,社会资本概念已由汉尼凡和杜威最初关注社区建设和社会中心运动扩展到了当代社会资本学者对于微观个体、中观集体和宏观国家等多个层次和不同维度的研究。一方面,实证研究学者基于严格数据分析不断明确社会资本概念,这是值得欣慰的;另一方面,理论修正派为这一概念本身不断增添新的内容,这是非常致命的,"什么都想包含进来的后果就是什么都没有"。帕特南将社会资本概念研究推到顶峰,将其定义为"有助于提升社会效率的信任、规范和网络",帕特南对社会资本的经典定义,却是将内涵与结果的糅合,受到诸多学者的批评,对后来的研究者产生了误导。

尽管对于社会资本概念的批评是大量存在的,并且通常是有根据的,但如果对其进行严格的界定,社会资本仍然是个非常有用的概念。[2] 信任、规范和网络是公认的也是最重要的三种社会资本形式。达斯古普特认为,社会资本这一概念引诱我们将不可测度的事物混合,却没有提供任何混合的方式,如果要理解其内涵及其之间的联系,必须分开研究它们。[3] 信任大概是最受争议的内容,它既是社会

---

[1] 詹姆斯·法尔:《社会资本的概念历史》,载周红云主编《社会资本与民主》,社会科学文献出版社2011年版,第77—108页。

[2] 埃莉诺·奥斯特罗姆、T. K. 安:《社会资本的含义及其与集体行动的联系》,载周红云主编《社会资本与民主》,社会科学文献出版社2011年版,第109—130页。

[3] 帕萨·达斯古普特:《经济发展与社会资本观》,载帕萨·达斯古普特、伊斯梅尔·撒拉格尔丁编《社会资本:一个多角度的观点》,张慧东等译,中国人民大学出版社2005年版,第411—512页。

资本的唯一核心要素,又是关系维度,甚至是作用机制。① 网络分为聚内型网络和联外型网络,聚内型网络是较为独立的、封闭性强的关系网络,这种网络对于信任的产生作用较小;联外型网络指较为开放的、封闭性弱的关系网络,这种网络有助于社会化信任的产生。② 规范分为正式制度和非正式规范,有些学者认为正式制度不属于社会资本范畴,非正式规范一般由价值观念、历史文化传统等内容决定,这是福山社会资本的主要观点。

就其内涵而言,我们不能将过多的东西纳入其中,保留最核心的东西对一个概念来说是极为重要的。总而言之,信任、规范和网络这三种形式是当前社会资本研究的主要内容,主要问题是:这三种形式之间的关系如何?如何相互作用?哪种形式的作用更为基础?或许这些说法本身有待商榷,但这是社会资本理论研究接下来需要回答的主要问题。奥斯特罗姆的分析为此提供了有益的借鉴(见图3-2):

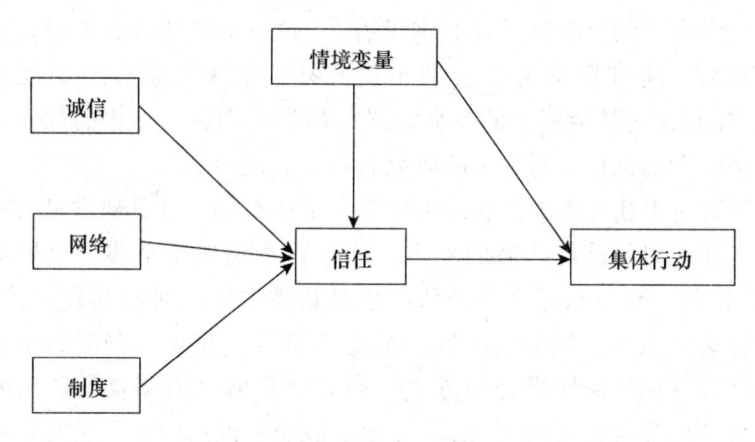

图3-2 信任、社会资本形式以及与达成集体行动的联系

资料来源:埃莉诺·奥斯特罗姆、T. K. 安的《社会资本的含义及其与集体行动的联系》。

---

① 这一观点参见奥斯特罗姆的分析,埃莉诺·奥斯特罗姆、T. K. 安:《社会资本的含义及其与集体行动的联系》,载周红云主编《社会资本与民主》,社会科学文献出版社2011年版,第109—130页。

② 这种分析最早可见于科尔曼对于网络封闭性和社会资本的分析,之后由其他学者进行了延伸和拓展。

（二）社会资本理论的分析框架

社会资本的层次性和多维性导致了其分析框架的多样化，这一问题在前文进行了较为系统的介绍。微观层面社会资本分析框架主要是指在社会系统环境约束下为获取信息和资源，个体能动性最大程度地发挥。科尔曼关注社会资本对于个体人力资本积累的作用，林南的社会资本观点对其进行了较为系统的解释，格兰诺维特的弱关系理论和博特的结构洞理论对其提供了有益的补充。中观层面社会资本分析框架主要指其作为个人主义与集体主义之间、私人与公共之间，甚至好与坏之间的作用机制。[1]而这一层面的论述是最为欠缺的。

科尔曼最早为微观向宏观过渡提供了理论基础，奥斯特罗姆关于社会资本对于解决集体行动问题的阐述是非常有益的，为微观向中观、个体到集体的提升做出了重要贡献。关于中观组织层面到社会整体层面的作用机制尚未得到完全明确，帕特南提出的"溢出理论"（spillover theory）说明了志愿型社团参与和社会、经济绩效的因果关系，而这一说法受到了"聚内型社会资本"和"联外型社会资本"这一论述的削弱。所有组织在某种程度上既是聚内型的又是联外型的，基于同类相聚的志愿性组织更多的是发挥结合效应（bonding effects），而不是桥梁效应（bridge effects）。[2]福山提出的"信任半径"为这种过渡提供了有益的帮助。[3]而从微观到中观再到宏观的系统化分析仍是欠缺的，使得社会资本概念的整体分析框架仍是零散的。[4]

就不同层面社会资本的实证研究来看，微观层面社会资本对于个

---

[1] 索菲·庞休克斯：《社会资本的概念：一个批判性的回顾》，载周红云主编《社会资本与民主》，社会科学文献出版社2011年版，第44—76页。

[2] 肯尼斯·纽顿：《政治信任与政治疏离：社会资本与民主》，载周红云主编《社会资本与民主》，社会科学文献出版社2011年版，第411—443页。

[3] 弗朗西斯·福山：《社会资本与公民社会》，载周红云主编《社会资本与民主》，社会科学文献出版社2011年版，第167—187页。

[4] 乔纳森·特纳提出了一个整体性的分析框架，而这仍是较为简单的一个构思。可以从中获得某些启发，详见乔纳森·特纳：《社会资本的形成》，载帕萨·达斯古普特、伊斯梅尔·撒拉格尔丁编《社会资本：一个多角度的观点》，张慧东等译，中国人民大学出版社2005年版，第122—182页。

体行动的影响已经得到了诸多研究证实，中观层面社会资本对于组织治理和绩效的作用也已经得到证实，宏观社会资本对于社会发展、经济绩效的影响却仍存在争议，而这更多是由社会资本概念本身不规范和测量所导致的问题。① 首先，社会资本理论研究需要对中观层面社会资本作用机制进行阐述。正如普拉卡什和塞尔所指出的："分析社会资本产生过程和与之相关的信任和公平的社会化规范，更为可行的方法是分析其在具体的制度化历程中，中间层面、中间层级的动态和过程。"② 其次，社会资本理论研究应该致力于建立整体化的分析框架，即微观、中观和宏观之间的相互影响和作用机制，这是社会资本概念规范化的核心所在。

（三）社会资本的测量

这个问题是社会资本理论遭受批评的最主要原因，然而正如达斯古普特所说，不是因为缺乏社会资本的相关数据，而是因为还不清楚应该测度的对象。③ 不同层面社会资本的测量有不同的问题，也有不同的注意事项。

微观个体社会资本由个体所拥有的关系网络数目、关系网络异质性程度和个体在关系网络中所处的位置决定，这些指标可以权衡个体拥有社会资本的高低，却无法获得具体的数据。在确定社会资本能够对于个体获取信息和资源产生影响的基础上，比较个体社会资本拥有量的高低就已经达到了测量的目的，并不需要进行严格意义上的测量。

中观组织层面社会资本的测量涉及"聚内型社会资本"即组织成员内部信任水平高低和"联外型社会资本"即对于组织外部人的信任水平的测量。"聚内型社会资本"对于提升组织凝聚力和运行效率具有作用，可以看作组织拥有的社会资本。而"联外型社会资本"

---

① 索菲·庞休克斯在其批判性文章中经验研究部分对此提出了诸多质疑，详见索菲·庞休克斯《社会资本的概念：一个批判性的回顾》，载周红云主编《社会资本与民主》，社会科学文献出版社2011年版，第44—76页。

② 桑吉夫·普拉卡什、波·塞尔：《审视"社会资本"》，载周红云主编《社会资本与民主》，社会科学文献出版社2011年版，第152—164页。

③ 帕萨·达斯古普特：《经济发展与社会资本观》，载帕萨·达斯古普特、伊斯梅尔·撒拉格尔丁编《社会资本：一个多角度的观点》，张慧东等译，中国人民大学出版社2005年版，第411—512页。

涉及组织成员对于外部人的信任水平,更多意义上属于宏观层面社会资本水平测量的范围,二者之间并非简单的累加或抵减关系。组织内部社会资本需要考虑结构维度和关系维度的测量,结构维度由组织联系紧密程度和互动频度所决定,而关系维度主要由组织成员之间的信任水平和价值取向的一致化程度所决定。关于企业社会资本含量的测量,福山提出了一种"剩余溢价"的测量方法,即公司收购报价前后的市值变化。这种溢价并不是纯粹的社会资本衡量的标准,因为难以将社会资本从无形资本中分离,组织溢价包含一定人力资本的成分,但社会资本会在剩余溢价中占主要地位。[1]

宏观层面社会资本的测量存在诸多争议。一方面,宏观层面社会资本缺乏社会整体指标,更多是以替代指标进行测量,而选取替代指标需考虑不同地区社会发展、价值观念和历史文化差异,不同指标往往带来截然不同的结果,导致学者对于社会资本概念的怀疑。另一方面,整体社会资本水平测量一般利用信任和组织规模两类指标进行测量,信任的测度是极为困难的,往往依靠"世界价值观调查"的数据,效度难以保证;而对于组织规模的测量往往会忽视组织的外部效应,而这会导致测量水平的偏差。[2]

针对以上社会资本测量中存在的问题,目前还没有很好的解决办法。从研究方法层面讲,社会资本不适用经济学的研究方法,简单地将经济学的测量方式运用于社会资本研究,或许并不是正确的选择。如果将"资本"看作是一种"隐喻",而不是一个正式、严格的术语,或许就不会这么混乱了。[3]

社会资本概念与理论的兴起并不是偶然的,而是因为现实的需要。尽管存在诸多问题,但社会资本仍然是一个有价值的概念,一个重要的理论解释范式。

---

[1] 弗朗西斯·福山:《社会资本与公民社会》,载周红云主编《社会资本与民主》,社会科学文献出版社2011年版,第167—187页。
[2] 同上。
[3] 桑吉夫·普拉卡什、波·塞尔:《审视"社会资本"》,载周红云主编《社会资本与民主》,社会科学文献出版社2011年版,第152—164页。

第四章 社会资本与农民参保行为理论基础：嵌入机制

第一节 社会资本影响经济行为的效用分析

经济效用分析是社会资本理论的核心内容，科尔曼功能性的定义更是说明了效用分析的重要性。根据已有学者的研究，本书从微观、中观和宏观三个层面对社会资本的经济效用进行分析。微观层面社会资本作用主要体现在个体行动者信息和资源获取，获得个人职业，推动金融参与行为决策；中观层面社会资本作用体现在提升组织凝聚力，降低企业交易成本，获得竞争优势；宏观层面社会资本作用主要表现在维持经济秩序、降低交易成本，提高经济效益，促进区域经济发展。同时，社会资本对经济行为也有一些负面经济效用，如约束个体经济行动、排斥组织外个体、妨碍组织内部创新，地区社会资本分布不均衡还会导致地区贫困和阻碍地区经济发展，这些问题需要引起重视。

一 社会资本对经济行为影响的正面效用分析
（一）微观个体层面社会资本的经济效用

早期社会资本理论研究者关注的是社会资本对于个体的作用。罗瑞关注了不同种族孩子拥有社会资源的差别对于其成长和发展具有不同的影响；布迪厄认为个体在其所处"场域"中获得支持，并为其所处的关系网络所约束；林南从人的角度出发，关注社会资本拥有者及其个体之间的关系等。社会资本成为解释个体行为的重要理论范式，根据已有研究者的成果，社会资本对于个体经济行为的影响和作

第四章 社会资本与农民参保行为理论基础：嵌入机制

用主要体现在以下几个方面。

社会资本对于个体信息和资源获取的影响。一方面，个体在采取经济行动的时候会尽量获取足够的信息，并在此基础上做出判断和行动；另一方面，个体经济行动所能利用的资源并不只是其自身所拥有的，也可以利用嵌入在关系网络内的资源。而个体获取信息和资源的能力依赖于其所拥有的网络规模、网络结构、所处的网络位置和拥有的网络特征。格兰诺维特的弱关系理论和博特的结构洞理论说明个体拥有的社会网络异质性越高，所连接的关系网络越多，经济行为中所能获取的有价值的信息也越多；个体拥有的关系网络数目越多，所处的位置越靠近网络中心，关系网络规模越大，所能利用的资源也越多。

社会资本对于个体职业获得的影响。林南将社会网络和社会资源引入职业地位获得，研究发现了社会网络中所蕴含的社会资源对于个体职业获得具有重要影响。格兰诺维特的研究开创性地发现弱关系比强关系在获取职业信息和再就业方面更具有优势。强关系所连接的个体往往具有相似的信息，而弱关系连接的个体往往处于不同阶层，获取异质性信息的可能性更高，而这个结论是建立在西方社会普遍信任的情境之下。之后的研究中，格兰诺维特认为到底是强关系还是弱关系在求职中的作用更大，取决于不同的制度文化背景，弱关系假设更适合开放的社会，人们通过弱关系获得的是有价值的信息，通过强关系获得更多的是影响或人情。[①] 韦伯认为中国人的交往建立在血缘亲族关系之上，学界也普遍认为中国社会制度背后的一般原则是亲族原则，并形成了费孝通先生笔下的"差序格局"特征。[②] 中国社会强关系的作用对于职业获得和再就业的帮助大于弱关系，这与中国独特的文化情境相一致。[③]

社会资本对于个体金融决策行为的影响。首先，社会关系有效满

[①] 刘少杰主编：《西方经济社会学史》，中国人民大学出版社2013年版，第228—232页。
[②] 杨缨：《信任视角下社会资本的界定、测度和验证》，经济科学出版社2014年版，第1页。
[③] 边燕杰：《找回强关系：中间的间接关系、网络桥梁和求职》，《国外社会科学》1998年第2期。

足了决策主体的信息需求从而推动了金融参与行为。个体在进行成本和收益判断时经常面临信息不足的困境，社会关系提供了获取信息的机会和渠道，个体通过口头相传或者观察他人行为获取信息做出决策。Hong 等研究发现，社会关系使得个体从周围人群获得了股票开户、股市交易等知识和信息，激励了股市参与。[1] Brown 等研究发现，个体股市参与和社区股市参与率之间的关系是通过社会关系机制来实现的。[2] 李涛研究发现，社会关系通过信息获得机制推动了居民当前对保险和未来期望对债券的投资。[3] 郭士祺和梁平汉研究发现，社会关系的信息获得渠道能够降低信息成本，推动家庭的股市参与行为。[4] 其次，社会关系改变了决策主体的偏好从而激励个体的金融参与行为。Hong 等实证研究发现，社会关系通过共同投资经历交流获得的愉悦感推动了个体参与股市。[5] 李涛分析了个体从共同话题和共同经历的交流中获得满足，这类似于购物、观影和观赛等共同话题交流带来的精神愉悦，这种愉悦感改变了投资者的偏好。[6] 最后，社会关系通过社会规范机制调节了个体的金融决策行为。Guiso 等认为不同于市场、政府调控或法律裁决，社会关系通过社会规范对经济行为的影响是文化在起调节作用，其对经济行为的调节作用不容忽视。[7] 金融参与行为受到社会规范的影响，通过观察周围人群的投资决策，个体可以了解他所属群体的适当行为，遵循规范可以赢得周围人群的认同

---

[1] Hong, H., Kubik, J. D. and Stein, J. C., "Social Interaction and Stock Market Participation", *The Journal of Finance*, 2004, 59 (1), pp. 137 – 163.

[2] Brown, J. R., Zoran, I., Smith, P. A. and Weisbenner, S., "Neighbors Matter: Causal Community Effects and Stock Market Participation", *The Journal of Finance*, 2008, 63 (3), pp. 1509 – 1531.

[3] 李涛:《社会互动与投资选择》,《经济研究》2006 年第 8 期。

[4] 郭士祺、梁平汉:《社会互动、信息渠道与家庭股市参与》,《经济研究》2014 年第 1 期。

[5] Hong, H., Kubik, J. D. and Stein, J. C., "Social Interaction and Stock Market Participation", *The Journal of Finance*, 2004, 59 (1), pp. 137 – 163.

[6] 李涛:《社会互动与投资选择》,《经济研究》2006 年第 8 期。

[7] Guiso, L., Sapienza, P. and Zingalea, L., "Does Culture Affect Economic Outcomes?" *Journal of Economic Perspectives*, 2006, 20 (2), pp. 23 – 48.

和尊敬。① 有关文献分析了社会规范如何通过惩罚机制和声望获得机制促使个人做出与周围人群平均水平相类似的决策。② 朱光伟等研究发现，关系通过社会互动渠道对家庭股市参与具有推动作用，关系的社会互动渠道反映了社会规范的调节作用。③ 周铭山等认为社会关系通过口头信息交流或交流感受机制激励股市参与，在股市参与率高的社区，社会关系通过扩大的网络效应会导致更大范围的信息分享和交流感受，其对个体或家庭股市参与的影响效应更大。④

（二）中观组织层面社会资本的经济效用

中观层面组织社会资本提升了组织凝聚力。组织运行依赖于正式制度和非正式规范的约束作用，正式制度是组织运行的首要标准，但组织运行往往受到非正式规范的影响。正式制度的建立需要考虑组织所处的社会文化背景，避免与社会价值观念冲突，发挥社会文化、价值观念对于成员的约束作用，以便更好地实现组织目标。程序和规则是组织正式制度的核心内容，规范和价值则是组织社会资本的重要来源和表现。伊斯特斯对两个合唱团进行了比较分析，在组织层面上论述了组织特征如何影响网络、规范和价值及集体行动技巧三种类型社会资本的产生。⑤ 只有有效运用组织社会资本才能真正实现组织的良好运行。一方面，社会资本有助于促进组织成员之间的交流和合作，提升组织运行效率；另一方面，社会资本作为集体理性的产物，是组织成员的共同目标，有助于提升凝聚力。

企业作为组织的重要形式之一，是社会资本中观层面研究的核心内容。现代企业研究的两个核心问题是治理和绩效问题。法马和杰森认为治理问题的核心是在所有权与经营权相分离的情况下，如何降低

---

① 李涛：《社会互动与投资选择》，《经济研究》2006 年第 8 期。
② 周铭山、孙磊、刘玉珍：《社会互动、相对财富关注及股市参与》，《金融研究》2011 年第 2 期；郭士祺、梁平汉：《社会互动、信息渠道与家庭股市参与》，《经济研究》2014 年第 1 期。
③ 朱光伟、杜在超：《关系、股市参与和股市回报》，《经济研究》2014 年第 11 期。
④ 周铭山、孙磊、刘玉珍：《社会互动、相对财富关注及股市参与》，《金融研究》2011 年第 2 期。
⑤ 卡拉·M. 伊斯特斯：《组织的多样性与社会资本的产生》，周红云译，载李惠斌、杨雪冬主编《社会资本与社会发展》，社会科学文献出版社 2000 年版，第 101—118 页。

代理成本，使所有者与经营者利益相一致。① 绩效问题即企业如何降低生产成本、提高生产效率，提高市场竞争力的问题。钱德勒将美国大型企业成长过程概括为"经理式资本主义"的兴起和"家族式资本主义"的衰落。祖克（Zucker）的研究进一步指出，美国家族式企业向经理式企业转变在很大程度上是因为美国薄弱的家族文化和良好的契约传统，以及完善的立法和科层组织，并概括出了信任产生的三种机制：基于过程的信任模式，基于特征的信任模式，基于制度的信任模式。② 尽管社会主流意识形式将家族式企业视为效率低下的企业组织形式，然而这只是个规范性命题，并未得到任何经验事实的证明。

中观层面企业社会资本有助于企业经济效益的提升。社会组织是微观个体社会交往与宏观国家社会结构的联结点，将其作为中观层面社会资本进行分析，更能把握社会资本的层次性，使这个抽象的概念更为生动和便于理解。中观层面社会资本效用分析主要涉及社会资本对于维持组织运行、提升组织凝聚力的作用，尤其是对于降低企业治理成本，提升经济效益方面具有显著作用。企业的社会资本分为企业内部社会关系网络和外部关系网络。企业内部的社会资本是维持组织效能和组织生存的重要因素。就降低代理成本而言，德国学者鲁赫曼认为，通过超越可利用的信息和泛化的行为期待，信任使复杂性简化，用内部保证的安全代替缺失的信息，企业内部的信任（关系维度的社会资本）能够有效促进沟通合作，降低代理成本。③ 企业外部关系网络是企业突破自身资源约束的重要条件，亲缘联系的关系网络可以使企业获取更多的市场信息、扩展企业上下游产业链，企业间的社会关系网络（结构维度的社会资本）能够有效降低企业运营成本，提高市场竞争力。

---

① Fama, E. F. and Jensen, M. C., "Agency Problems and Residual Claims", *Journal of Low and Economics*, 1983, 26 (2), pp. 327 - 349.
② 杨缨：《信任视角下社会资本的界定、测度和验证》，经济科学出版社2014年版，第11页。
③ 同上书，第25页。

(三) 宏观社会层面社会资本的经济效用

社会资本从下往上的运行机制是通过加强微观个体面对面的互动交流，进而提升中观层面组织内部合作与组织间协作，最终推动宏观层面社会经济发展与社会进步。宏观层面社会资本对经济行为的影响主要体现在对改善贫穷，促进经济发展的方面。

地区社会资本对地区经济绩效有正向影响。弗泰恩和阿特金森的研究认为，社会资本已成为科技创新的一个关键因子，成功的创新网络取决于合作与信息共享；社会资本是解释创新过程的必不可少的重要因素，联邦政府不仅应该向科研投资，还应该同样支持制度建设，在企业、高校与联邦实验室之间创立具有推广价值的合作创新网络机制。[①] 经济学对于社会资本的研究更多采用的仍是实证主义研究方法。耐克和科夫的研究证明，信任度对经济绩效有正向影响：信任水平每上升12个百分点，年均经济增长率提高近1个百分点。[②] 赫利维尔和帕特南的统计数据证明，意大利北部地区的社会资本水平明显高于南部地区，同时，经济增长率也明显高于南部地区。[③]

地区社会资本是东亚国家经济发展的根本动力。东亚新兴工业国家经济的迅速增长引起了西方学界对宏观社会资本的关注。比较权威的一种观点认为整个社会具有发展目标上的共识。[④] 理论界认为，和谐的人际关系及儒家文化道德规范相结合表现出来的社会资本，是东亚经济发展的特殊动力和深层原因。[⑤] 张维迎认为，非正式契约可以支持交易的进行，尤其是在发展中国家更为普遍。张维迎和柯荣柱研究了信任与经济效率的联系，结果表明，良好的信任有助于提高生产

---

① 简·弗泰恩、罗伯特·阿特金森：《创新、社会资本与新经济——美国联邦政府出台新政策，支持合作研究》，载李惠斌、杨雪冬主编《社会资本与社会发展》，社会科学文献出版社2000年版，第209—227页。

② Knack, S. and Keefer, P., "Does Social Capital have an Economic Payoff? A Cross-country Investigation", *Quarterly Journal of Economics*, 1997, 112 (4), pp. 1251 – 1288.

③ Helliwell, J. F. and Putnam, R. D., "Economic Growth and Social Capital in Italy", *Eastern Economic Journal*, 1995, 21 (3), pp. 295 – 307.

④ 杨雪冬：《社会资本：对一种新解释范式的探索》，载李惠斌、杨雪冬主编《社会资本与社会发展》，社会科学文献出版社2000年版，第20—42页。

⑤ Stiglitz, J. E., "Lessons from the East Asian Miracle", *The World Bank Research Observe*, 1996, 11 (2), pp. 161 – 177.

率和增加企业利润，还有助于吸引外资。①

地区社会资本不均衡造成了区域经济绩效差异。帕特南分析了地区社会资本对地区经济发展的作用。帕特南和同事通过对于意大利社会资本和政府改革20年的跟踪研究发现，社会资本不仅有助于民主政府的运转，还造成了经济绩效的显著差异，强大的公民传统是经济发展的保证，参加投票、社团、读书会和足球俱乐部都是经济成功地区的标志。社会资本是一种公共物品，帕特南用水平化的自愿组织规模和参与水平来衡量意大利南部、北部的社会资本水平。意大利南部与北部之所以出现巨大的经济差异，主要原因在于北部地区具有广泛的结社传统，而南部地区被黑手党等垂直化庇护网络覆盖。② 帕特南对美国社会的进一步研究发现，托克维尔笔下的美国公民的结社传统已不复存在，美国社会的自愿组织数量和组织规模正在缩小，社会资本趋于衰落，引起了美国社会的广泛热议。③

地区社会资本提升了地区金融发展水平。Guiso 等首次分析了社会资本对金融发展的促进作用。通过对意大利不同地区的实证研究发现，在信任水平较高的地区，居民更可能使用支票，更可能获得正规贷款，更多投资股票，较少持有现金和使用非正式信贷。④ 近十几年来，我国越来越多的学者理论和实证分析了社会资本对地区金融发展的影响。徐淑芳认为社会资本是金融发展重要的非正式机制，社会资本通过社会关系网络、人际信任和互惠规范等非正式作用机制来实现对金融的影响，社会资本能够增强合作关系，抑制机会主义，降低交

---

① 张维迎、柯荣柱：《信任及其解释：来自中国跨省的数据调查分析》，《经济研究》2002年第10期。

② Putnam, Robert D., *Making Democracy Work*, Princeton: Princeton University Press, 1993.

③ 罗伯特·D. 普特南：《独自打保龄球：美国下降的社会资本》，载李惠斌、杨雪冬主编《社会资本与社会发展》，社会科学文献出版社2000年版，第165—176页；迈克尔·舒德森：《如果公民生活没有死亡会怎样?》，理查德·M. 瓦莱利：《电视迷的民主》，两位学者在《美国展望》1996年第25期，对于帕特南的研究发表了不同看法。而后普特南又在该刊上对于两位学者的不同意见做出了回应：《罗伯特·D. 普特南的回应》，载李惠斌、杨雪冬主编《社会资本与社会发展》，社会科学文献出版社2000年版，第177—206页。

④ Guiso, L., Sapienza, P. and Zingalea, L., "The Role of Social Capital in Financial Development", *American Economic Rewiew*, 2004, 94 (3), pp. 526 – 556.

易成本，从而促进金融发展。① 陈硕分析了社会资本对民间金融的作用机制。社会资本通过关系信任在民间交易中充当了实物抵押，通过社会关系网络充当了信息来源渠道，通过社会规范机制充当了法律和正式制裁制度。② 卢燕平实证研究了我国社会资本与金融发展的关系。结果发现，社会资本对金融合同的使用有显著影响，社会资本能够促进存款和贷款等正规金融的发展，但对非正规金融的发展却有负向影响。③ 张俊生和曾亚敏利用我国 30 个省市自治区的数据实证研究了各地区社会资本与金融发展的关系。研究发现，区域社会资本促进了区域保险、有价证券和个人信贷金融资产的投资比例。④ 皮天雷利用我国省级面板数据实证研究发现，社会资本对地区金融发展具有一定的正效应，对于金融发展而言，社会资本是转型期法治效率低下的有效替代机制。⑤ 崔巍运用省际数据实证分析了我国社会资本和社会信任对地区金融发展的影响，研究发现，地区社会资本和社会信任提升了地区金融机构存款余额、贷款余额、股票市场总值和保费收入。⑥

二 社会资本对经济行为影响的负面效用分析

社会资本因其强大的解释力受到了诸多学科的广泛关注，但是正如波茨所指出的，社会资本研究的诸多文献过于强调它积极的经济成果，而往往使人们忽略其存在的某些负面经济效用。沃丁格基于意大利、爱尔兰及波兰移民后裔对于纽约建筑、贸易、消防、警察和工会的垄断以及犹太人对纽约珠宝贸易的垄断传统进行的分析指出，有限

---

① 徐淑芳：《社会资本与金融发展》，《改革与战略》2008 年第 8 期。
② 陈硕：《民间金融发展中的社会资本作用机制及其效应研究》，《云南财经大学学报》2014 年第 6 期。
③ 卢燕平：《社会资本与金融发展的实证研究》，《统计研究》2005 年第 8 期。
④ 张俊生、曾亚敏：《社会资本与区域金融发展——基于中国省际数据的实证研究》，《财经研究》2005 年第 4 期。
⑤ 皮天雷：《社会资本、法治水平对金融发展的影响分析》，《财经科学》2010 年第 1 期。
⑥ 崔巍：《我国区域金融发展的差异性研究——基于社会资本的视角》，《经济学动态》2013 年第 3 期。

团结与信任产生的社会资本是这些团体取得经济进步的核心。[1] 亚当·斯密也抱怨,商人聚会的必然结果是"对公众的阴谋",公众被排斥在密谋团体的关系网络和知识之外。[2] 由于社会关系网络的存在,对集体内部成员的善往往会导致对社会的恶。波茨提出"消极社会资本"[3]的概念,以提醒公众关注社会资本的负面影响,并将其分为四个方面:

1. 排斥圈外人

社会关系网络能为网络内部成员提供信息和资源优势,同时,对于网络外社会成员则存在排斥。

2. 对团体成员要求过多

组织层面社会资本的作用在于促使成员遵守规范,提升凝聚力。价值和规范(关系维度的社会资本)作为非正式规则会对成员产生约束作用,抑制个体成员的创新。同时,网络内部存在"搭便车"现象,某些成员会产生依赖心理,向勤奋的成员提出更多的要求。

3. 限制了个人自由

组织规范为紧密的群体组织生活运行提供了有利基础。同时,个体的隐私和自主会受到极大限制。

4. 消除个体差异

个体的差异会影响组织团结,组织正式规则和非正式规范都要求成员以共同行为准则行事,这些规范在保持组织稳定的同时,也抑制了个体的发展,而成员内部往往存在过多相同的信息、资源,对于追求自身发展的个体则会产生不利影响。[4]

波茨关于社会资本消极作用的分析属于微观个体与中观组织层面的分析,中观社会资本以群体组织形态存在并产生作用,组织运行所

---

[1] Waldinger, R., "The 'Other Side' of Embeddedness: A Case Study of the Interplay between Economy and Ethnicity", *Ethnic & Racial Studies*, 1995, 18 (3), pp. 555 – 580.

[2] Smith, A., *The Wealth of Nations*, Baltimore, MD: Penguin Stack C, All Our Kin, New York: Harper and Row, 1979.

[3] 本书认为,"消极的社会资本"和社会资本的"消极作用"不同。社会资本只是工具性的关系网络,是个中性的概念,社会资本会产生某些负面作用,但并不是社会资本自身的问题。

[4] 亚历山德罗·波茨:《社会资本:在现代社会学中的缘起和应用》,载李惠斌、杨雪冬主编《社会资本与社会发展》,社会科学文献出版社2000年版,第119—152页。

特有的内在稳定性和排外性导致了整个社会的社会资本分布不均衡。社会资本为组织内成员带来利益的同时也决定了对组织外人的排斥，一方面限制组织内部成员的创新，另一方面阻止外部人的进入，导致社会封闭和阶层固化，不利于社会流动。而社会资本作为多层次的概念，并且彼此之间存在互动与联系，微观层面和中观层面的消极作用必然会对宏观国家地区层面产生不利影响。

社会资本分布的不均衡导致贫困加剧。社会资本缺乏不利于弱势群体的生存和发展，妨碍社会公平正义原则的实现。[①] 从社会资本视角来看，弱势群体是社会性资源和个人资源占有不足的社会群体，自身拥有的社会资本也极少，需要给予扶持和关爱。但社会资本分布的不均衡会加剧弱势群体自身的脆弱性，导致贫困和弱势的代际延续，生存质量会愈加低下，不利于社会公平原则的实现，同时也会对经济发展产生不利影响。

社会资本分布的不均衡不利于社会经济发展。福山在对信任的研究中发现，在中国和意大利南部地区这种家族观念深厚的社会里，往往缺乏对于家族以外范围更广的一般性社会信任，会引发对于非群体成员的不信任。[②] 目前，我国社会发展过程中出现的地方保护主义和部门、行业垄断的现象无不与社会资本分布的不均衡有关。[③] 局部社会资本密度过高会妨碍更大范围共同体的团结和目标的实现，造成了经济不平等。当前，我国处于社会转型时期，城市和农村的密闭特征仍较为明显，除了某些制度因素，社会资本分布的不合理也是重要原因，这不利于我国经济的发展。

第二节　社会资本与农民参保行为：嵌入机制

自从社会资本概念引入社会学研究领域后，社会资本在各个学科

[①] 朱国宏、桂勇主编：《经济社会学导论》，复旦大学出版社2015年版，第206页。
[②] 杨缨：《信任视角下社会资本的界定、测度和验证》，经济科学出版社2014年版，第31页。
[③] 卜长莉：《社会资本与社会和谐》，社会科学文献出版社2005年版，第387页。

领域都表现出了强大的解释力。① Putnam 开启了宏观社会资本研究,他认为社会资本是一种组织特点,如信任、规范和网络等,它使得实现某种目的成为可能。② 他运用社会资本理论分析意大利不同地区如何通过社会网络和社团参与缔造成员间的信任、互惠和合作规范,区域社会资本的差异如何导致了地区民主制度绩效的不同。在帕特南对宏观社会资本研究做出开创性贡献之后,经济学家实证研究了不同国家或地区社会资本对区域金融发展的影响。③ Guiso 等最早开启了从宏观社会资本理论视角分析地区金融发展影响因素的研究。他们认为金融契约具有风险密集的特征,社会资本作为决定信任水平高低的重要因素提升了金融投资者对金融机构的信任水平,降低了金融契约交易成本,从而有助于地区金融的发展。实证研究发现社会资本显著影响地区金融发展,在法律机制不健全和教育水平低下的地区,社会资本对金融发展的推动作用尤其显著。Guiso 等基于数据实证分析了信任对股市参与的影响。股市参与取决于投资者的风险感知,风险感知不仅与股票客观特征相关,还取决于投资者的主观信任水平,低信任水平的居民不参与或低度参与股市。④

我国农村是典型的人情关系社会,作为农村社会的核心要素,社会资本对农民金融参与行为决策有重要影响。城乡居民养老保险参保行为类似于金融参与行为和意愿,农民今天交钱参保和长期参保是为了 60 岁以后得到更多的养老钱。基于农民自愿参与的城乡居民养老保险实质上是一种跨期交付的风险密集性金融产品,农民的参保行为

---

① Adler, P. S., "Social Capital: Prospects for a New Concept", *The Academy of Management Review*, 2002, 27 (1), pp. 17 - 40; Portes, A., "Social Capital: Its Origins and Applications in Modern Sociology", *Annual Review of Sociology*, 1998, 24 (1), pp. 1 - 24.

② Putnam, Robert D., *Making Democracy Work*, Princeton: Princeton University Press, 1993.

③ Knack, S. and Keefer, P., "Does Social Capital have an Economic Payoff? A Cross-country Investigation", *Quarterly Journal of Economics*, 1997, 112 (4), pp. 1251 - 1288; Porta, R. L., Shleifer, A. and Vishny, R. W., "Trust in Large Organization", *American Economic Review*, 1997, 87 (2), pp. 333 - 538; Knack, S. and Zack, P. J., "Trust and Growth", *Economic Journal*, 2001, 111 (470), pp. 295 - 321.

④ Guiso, L., Sapienza, P. and Zingalea, L., "Trusting the Stock Market", *The Journal of Finance*, 2008, 63 (6), pp. 2557 - 2600.

第四章 社会资本与农民参保行为理论基础：嵌入机制

在一定程度上是综合考虑风险，比较成本和收益之后理性选择的结果。在不否定理性选择逻辑的同时，社会资本范式强调一定空间内社会关系对金融参与行为决策的影响，对理性选择逻辑起到了补充作用。在社会资本范式看来，农民的参保行为嵌入在社会资本之中，社会资本通过信息获得、规范调节、价值感知、期望值和非正式保险机制影响农民的参保决策。

社会资本的信息获得机制降低了信息搜寻成本从而推动农民做出参保行为。农民获取城乡居民养老保险制度信息的途径有两种，一种是基于社会资本的人际传播渠道，另一种是政府主导的制度传播渠道。人际传播渠道是农民以到场的方式来谈论和倾听，这种渠道具有权威性低、通俗性高和成本性低的特点。政府的制度传播渠道主要靠报刊、广播、电视等媒体和村务会议传递信息，这种渠道具有权威性高、文本性强和成本性高的特点。社会资本激励农民从人际传播和制度传播两组渠道获取信息，从而降低了信息搜寻成本。一方面，社会资本水平高的农民通过政府主导的制度传播渠道获取信息更积极、更活跃。Putman 基于意大利的实证研究发现，社会资本能够实现政府和社会之间良好共生的关系模式，社会资本含量高的地区，公民参与政府主导的公共事务的积极性更高。[1] 社会资本与政府主导的公共事务参与具有高度的契合性，社会资本水平高的农民更容易对政府的制度传播产生认同感、信任感和责任感，制度传播参与的热情和能力也更高。另一方面，社会资本水平高的农民具有人际传播中信息接收和信息扩散的优势，很方便从周围人群获得信息及向周围人群扩散信息。信任使个体更愿意接受同伴对自己的影响，对信息分享具有积极作用；不信任对于信息分享会有消极作用，信息交换双方的不信任是信息分享的主要障碍。社会资本通过信任提供了信息分享的意愿和动机，使得农民更愿意给周围人群有用的信息，更愿意接受和倾听周围人群的信息，信息的分享无须核查，提高了农民信息获取的效率。信任不仅提供了农民信息扩散的意愿和动机，还提高了信息交流的质量，促使信息提供者注

---

[1] Putnam, R. D., *Making Democracy Work*, Princeton: Princeton University Press, 1993.

重核查信息的真实性并对对方的信息需求及时做出回应，从而加深信息获取的速度、深度和精度。

　　社会资本的规范调节机制推动农民做出与周围人群平均水平相似的参保行为。Akerlof 解释了社会规范对个体投资行为的调节作用。个体的投资行为如果与所属群体投资行为所反映的社会规范保持一致，就会赢得群体的认同和尊重，从而提高投资行为的效用水平；如果与所属群体的社会规范相违背，个体就会受到群体的惩罚，甚至丧失声誉。[1] Bernheim 的一致性模型解释了社会规范如何塑造了不同群体的风俗和时尚文化，个体消费行为总是与所属群体消费行为所反映的社会规范保持一致，群体风尚的差异性反映了不同群体异质性社会规范对所属成员行为的塑造作用。[2] Campbell 和 Cochrane 的外部习惯模型说明消费决策需要考虑所属群体的适当行为，个体消费需要遵循群体共同遵循的明确的或隐含的行为准则。[3] Demarzo 的竞争局部稀缺性资源模型说明在市场不完全的情况下，个体投资决策受到群体投资策略所反映的社会规范的影响，社会规范是群体水平最优化的结果。[4] Guiso 等认为不同于市场、政府调控或法律裁决，社会规范对经济行为的影响是文化在起调节作用。[5] 李涛经实证研究发现，社会互动推动了居民对股票等 13 种金融产品的投资行为，社会互动的积极作用是通过遵循周围人群投资所反映的社会规范来实现的。[6] 基于我国家庭股市参与的实证研究表明，社会互动推动股市参与的主导机制体现

---

[1] Akerlof, G. A., "A Theory of Social Custom of Which Unemployment May Be One Consequence", *Quarterly Journal of Economics*, 1978, 94 (4), pp. 749-775.

[2] Bernheim, B. D., "A Theory of Conformity", *Journal of Political Economy*, 1994, 102 (5), pp. 841-877.

[3] Campbell, J. Y. and Cochrane, J. H., "By Force of Habit: A Consumption-Based Explanation of Aggregate Stock Market Behavior", *Journal of Political Economy*, 1999, 107 (4), pp. 205-251.

[4] Demarzo, P. M., Kaniel, R. and Kremer, I., "Diversification as a Public Good: Community Effects in Portfolio Choice", *The Journal of Finance*, 2004, 59 (4), pp. 1677-1715.

[5] Guiso, L., Sapienza, P. and Zingalea, L., "Does Culture Affect Economic Outcomes?", *Journal of Economic Perspectives*, 2006, 20 (2), pp. 23-48.

[6] 李涛：《社会互动、信任与股市参与》，《经济研究》2006 年第 1 期。

了社会规范对个体金融行为决策的调节作用。[①] 内嵌于农村社会资本中的规范是无形的、不明确的,但对农民的参保行为有不可忽视的影响。农民的参保决策并非孤立的决策,而是通过社会关系与周围人群达成共识后的共同决策,是受到周围农民参保决策所反映的社会规范的影响并与周围农民平均参保决策水平保持一致的结果。

社会资本的价值感知机制激励农民做出参保行为。Guiso 等分析了社会资本对投资行为的促进作用。[②] 地区社会资本水平越高,居民信任水平就越高,居民预期投资合作方侵吞投资收益的可能性就越小,投资的预期收益就越高。通过对意大利南北地区的实证研究发现,在社会资本水平较高的地区,居民投资股票的比例更高。李涛在股市参与研究中指出,信任对股市参与的影响表现为信任提高了股市投资的预期收益。[③] 居民对上市公司的信任越高,证券监管机构会保障股民利益、社会媒体会强化监督,股市投资未来回报的数额就越大。实证分析发现,居民个体层面的信任水平提升了股市参与的可能性。农民对城乡居民养老保险的价值感知是农民对城乡居民养老保险养老金数额和养老保障能力的主观判断。城乡居民养老保险制度在实施过程中存在持续筹资能力和基金保值增值能力不足的问题。一方面,地方政府财政持续补贴能力不足,财政配套政策落实难度较大;另一方面,个人账户基金缺乏有效的投资途径和增值策略则无法避免贬值的风险。城乡居民养老保险制度的缺陷会降低农民的价值感知。丁煜认为城乡居民养老保险个人缴费、基金管理和待遇给付三个方面的问题降低了农民的价值感知。[④] 城乡居民养老保险制度累退的激励机制和不分年龄的缴费档次制约农民选择高档次参保,个人账户基金统筹管理水平低不利于基金保值增值,基础养老金与人均收入和

[①] 周铭山、孙磊、刘玉珍:《社会互动、相对财富关注及股市参与》,《金融研究》2011 年第 2 期;朱光伟、杜在超、张林:《关系、股市参与和股市回报》,《经济研究》2004 年第 11 期。

[②] Guiso, L., Sapienza, P. and Zingalea, L., "The Role of Social Capital in Financial Development", *American Economic Rewiew*, 2004, 94 (3), pp. 526 – 556.

[③] 李涛:《社会互动、信任与股市参与》,《经济研究》2006 年第 1 期。

[④] 丁煜:《新型农村社会养老保险制度的缺陷与完善》,《厦门大学学报》2011 年第 3 期。

物价指数挂钩机制缺失也会降低制度对农民的吸引力。社会资本通过信任提高了农民对城乡居民养老保险的价值感知，农民信任水平越高，越容易相信中央政府会不断优化城乡居民养老保险制度，地方政府财政会持续补贴，基金管理部门会通过各种途径实现基金保值增值，社会媒体会发挥监督作用以确保城乡居民养老保险的养老保障能力。

　　社会资本的期望值机制推动农民做出参保行为。李涛指出信任激励股市参与的两组渠道，一是提高了投资回报的数额预期，二是提高了投资回报的可能性预期，前者反映了居民对股市投资回报的价值感知，后者反映了居民对股市投资回报的期望值。实证研究结果发现信任提高了居民股市投资受益的可能性，信任水平越高，居民股市投资未来回报的期望值越高。[①] 农民的参保行为不仅受农民价值感知的影响，也受到期望值的影响。期望值是农民根据过去制度实践经验和现阶段制度实施状况判断城乡居民养老保险效价实现的可能性预期。我国启动于1996年的老农村社会养老保险是一场失败的制度实践，这可能会降低农民对城乡居民养老保险的期望值。现阶段，城乡居民养老保险基金的安全监管问题也是影响农民期望值的重要障碍。2014年国务院颁布专门文件规定把城乡居民养老保险合并为统一的城乡居民养老保险制度，并逐步实现省级统筹。城乡居民养老保险的合并实施是一个长期过程，在县级统筹向省级统筹过渡过程中，基金的安全性问题依然存在。[②] 城乡居民养老保险以县为单位集征缴、管理和使用于一身，在缺乏监督的情况下，难免出现挤占、挪用甚至贪污基金的情况。兼有管理者和投资者两重角色的县级城乡养老保险经办机构很容易受当地政府的行政干预，从而引发基金监管的道德风险问题。[③] 城乡居民养老保险需要农民长时期持续缴费，因此年轻农民短期内不能受益，基金的安全监管是影响农民期望值的关键约束条件。城乡居

---

　　① 李涛：《社会互动、信任与股市参与》，《经济研究》2006年第1期。
　　② 邓大松、仙蜜花：《新的城乡居民基本养老保险制度实施面临的问题及对策》，《经济纵横》2015年第9期。
　　③ 张思锋、胡晗、唐敏：《"新农保"的制度自信与制度发展》，《西安交通大学学报》（社会科学版）2016年第5期。

民养老保险基金的安全监管问题决定了其本质上是一种风险密集的金融产品，农民和政府之间是一种交易关系，交易的成功取决于授信者对受信者的信任度。信任可以简化农民和政府之间的复杂关系，降低农民对政府部门可能会采取机会主义的风险感知，提升农民对城乡居民养老保险的期望值。农民的信任水平越高，越相信政府会遵守制度规定，越相信政府会依法确保基金的安全，从而对制度养老保障能力的期望值就越高。

社会资本的非正式保险机制对农民的参保行为有"挤出效应"。作为一种非正式保险机制，社会资本有效化解了群体所面临的共同风险，在一定程度上替代了正式保险，从而对正式保险制度具有"挤出效应"。Scott研究发现，传统社会中农民以互赠礼金、共享生产工具和相互帮工等互惠形式来抵御风险，农民之间构筑了一个风险共同防范的"道德经济体"。[1] Coate和Ravallian的研究表明，在贫困的农村地区，农村正式保险机制的缺失引起了非正式保险的盛行。[2] Fafchamps和Lund研究了菲律宾农村居民之间的风险分担网络，发现农村居民会通过亲戚和朋友之间的礼品往来以及非正规借贷来平滑消费，这种非正式的互助保险机制是通过社会资本来实现的。[3] Dehejia等利用美国消费者支出调查数据以及家庭与住户调查数据实证研究发现，参与宗教组织这种重要的社会资本形式具有消费保险与快乐保险的功效。社会资本的非正式养老保险机制对城乡居民养老保险制度有替代作用，基于传统互惠规范的社区互助养老机制是社会资本发挥积极作用的结果，亲朋好友之间的互助养老传统构筑了一个社区互助养老的道德共同体，这在一定程度上化解了农民的养老风险，降低了农民对养老风险的感知程度，对农民的参保行为具有

---

[1] Scott, J. C., *The Moral Economy of the Peasant*: *Rebellion and Subsistence in Southeast Asia*, New Haven: Yale University Press, 1976.

[2] Coate, S. and Ravallion, M., "Reciprocity without Commitment: Characterization and Performance of Informal Insurance Arrangements", *Journal of Development Economics*, 1993, 40 (1), pp. 1 – 24.

[3] Fafchamps, M. and Lund, S., "Risk-sharing Networks in Rural Philippines", *Journal of Development Economics*, 2003, 71 (2), pp. 261 – 287.

"挤出效应"。①

社会资本的信息获取机制和规范调节机制对农民的参保行为具有"羊群效应"。社会资本使得农民更愿意通过人际交流渠道获得信息，这种信息依附于熟人关系的特殊信任基础上，信息无须核查，更容易导致信息跟从，对农民自身决策具有更大的影响，从而使得农民自身个体决策更多地体现为一种群体决策。社会资本的规范调节机制使得农民的参保决策呈现羊群效应。社会资本作为一种非正式规范对农民的影响是潜移默化的，这种影响具有非明确性和非强制性，但却具有很强的暗示性，遵循群体决策所体现出来的社会规范可以赢得群体的尊重和认可，违反群体社会规范则会被群体排斥和孤立。

社会资本的价值感知和期望值机制对农民的参保行为具有驱动效应。城乡居民养老保险制度在实施过程中存在资金筹资机制不完善、经办服务质量不高、基金保值增值难等问题，这些问题削弱了农民对制度的感知有用性和可及性。社会资本通过信任使得农民对城乡居民养老保险养老保障水平及经办服务质量有了更高的期望，社会资本提升了农民依赖制度化解养老风险能力的感知，增强了农民依靠制度养老的信心，强化了农民对制度的感知有用性。城乡居民养老保险从参保到收益具有较长的时间跨度，这增加了农民对制度保障可及性的疑虑。社会资本通过期望值机制有效降低了农民对制度保障可及性的疑虑，社会资本水平越高，农民越相信地方政府会确保经办服务质量和基金保值增值，越相信中央政府会千方百计确保制度的可持续发展和制度保障的兑现。社会资本增加了农民对城乡居民养老保险制度的感知有用性和保障可及性，从而对农民的参保行为具有驱动效应。

第三节　社会资本概念界定、维度划分及其测量

一　社会资本概念的界定及维度划分

社会资本概念及其理论一直是学界研究的热点。尽管国内外文献

---

① Dehejia, R., DeLeire T. and Luttmer, E. F. P., "Insuring Consumption and Happiness through Religious Organizations", *Journal of Public Economics*, 2007, 91 (1), pp. 259–279.

对不同分析层次上社会资本概念的界定不统一,但一致认为社会资本是一个多维度概念。基于社会资本的多维性,已有文献把社会资本理解为一种社会性资源,在经验研究中将其操作化为信任、社会规范、社区归属感、包容、参与社团、社会网络、社会支持、参与公共事务、邻里联系、互惠、非正式社会控制、志愿主义和集体主义等维度。① Ponthieux 对社会资本的概念界定和测量指标进行了批评,他指出社会资本概念缺乏一个逻辑性的叙述,社会资本就像是一个大筐,把网络、信任、互惠、规范、价值观、文化、参与和市民社会等概念装起来,这使得经验研究经常混淆社会资本的本身和结果,从而导致研究结果相互矛盾。② Putnam 对社会资本概念给出了一个逻辑性较强的界定,社会资本不仅包括社会网络,还包括信任、互惠和合作规范。从这一概念出发,Putnam 在经验研究中经常把社会资本理解为公民精神和公民美德,用社团参与频度和信任规范两个指标来测量社会资本。③ 帕特南的社会资本概念所指范畴依然过大,在操作化中社团参与既是社会资本本身也是社会资本的原因,存在同语反复的问题,也有逻辑循环论证的嫌疑。Fine 批评帕特南的社会资本概念和市民社会概念并无太大区别,社会资本理论只不过是"新瓶装旧酒"。④ Norris 指出用来衡量社会资本的社团数量或参与社团的人数未必能体现社会资本。⑤

福山从关系型维度对社会资本的概念进行了界定,从而避免了理论界对社会资本概念过于宽泛的批评。福山认为,社会资本是由社会或社会的一部分普遍信任所产生的一种力量⑥,是一种有助于两个或更多个体之间相互合作、可用事例说明的非正式规范,这种规范可以

---

① Lochner, K., Kawachi, I. and Kennedy, B. P., "Social Capital: A Guide to its Measurement", *Health & Place*, 1999, 5 (4), pp. 259-270.
② Ponthieux, *The Concept of Social Capital: A Critical Review*, 10th CAN Conference Paris, 2004.
③ Putnam, R. D., *Making Democracy Work*, Princeton: Princeton University Press, 1993.
④ Fine, B., "It Ain't Social, It Ain't Capital and It Ain't Africa", *Systematics & Geography of Plants*, 2001, 69 (1), p. 45.
⑤ Norris, P., *Democratic Phoenix*, London: Cambridge University Press, 2002.
⑥ 福山:《信任:社会道德与创造经济繁荣》,彭志华译,海南出版社 2001 年版,第 30 页。

是两个朋友之间的互惠性规范，也可以是像基督教或儒教之类的复杂而精巧的教条。[①] 在批判性理解学界对帕特南经典概念和借鉴福山经典概念的基础上，本书重新界定社会资本概念，本书认为，无论是在宏观层面还是在微观层面，社会资本都是诸如信任、互惠和合作之类的能够实现某种目的的观念性资源。这一概念将争议较大的社会网络维度排除在社会资本概念范畴之外，把社会资本的原因和社会资本本身区别开来，从而使得这一概念具有不同于市民社会的独特性和不区分分析层次的普遍性。据此定义，本书把社会资本概念操作划分为信任、互惠和合作规范三个维度。

二 本书对社会资本概念的测量

（一）2010年调查对社会资本的测量

信任规范是社会资本的第一个维度。此次调查测量了农民基于地缘和亲缘关系的特殊信任，特殊信任反映了农民对村内不同置信对象的信任程度。问卷设计了6个问题，用农民对亲戚、本家族成员、同小组村民、同自然村村民、同行政村村民及村干部的信任程度来测量。

互惠规范是社会资本的第二个维度。此次调查测量了农民的均衡互惠，均衡互惠反映了农民与邻里之间在帮工、借钱和借用具事件上的互助观念。问卷设计了4个问题，用农民对"邻里之间应该互相帮忙干活"、"邻里之间应该互相借用农具"、"邻里之间应该互相借钱"和"邻里之间帮忙应该不求回报"的认同程度来测量农民的互惠程度。

合作规范是社会资本的第三个维度。合作规范可以从社区归属感和社区秩序感两个方面进行测量。问卷设计了6个问题进行测量，测量社区归属感的问题有："你认为在本村生活有安全感吗？""你会经常为本村感到光荣吗？""本村的社会风气如何？"测量社区秩序感的问题有："你村地里庄稼是否经常被盗？""你村家里东西是否经常被盗？""你村邻里是否经常争吵？"（见表4-1）

[①] Fukuyama, F., "Social Capital, Civil Society and Development", *The Third World Quarterly*, 2001, 22 (1), pp. 7-20.

表 4 – 1　　　　　　　社会资本测量指标、答案与赋值

维度	测量指标	测量指标内容	答案与赋值
信任规范	SC1	对亲戚的信任程度	"非常信任"、"比较信任"、"有点信任"和"不信任",分别赋值4—1分
	SC2	对本家族的信任程度	
	SC3	对同组村民的信任程度	
	SC4	对同自然村村民的信任程度	
	SC5	对同行政村村民的信任程度	
	SC6	对村干部的信任程度	
互惠规范	SC7	邻里应互相帮忙的认同程度	"非常赞同"、"比较赞同"、"有点赞同"和"不赞同",分别赋值4—1分
	SC8	邻里应互相借东西的认同程度	
	SC9	邻里应互相借钱的认同程度	
	SC10	邻里帮忙不求回报的认同程度	
合作规范	SC11	你认为在本村生活有安全感吗	答案分为5级或者4级,分别赋值5—1分或者4—1分
	SC12	你会经常为本村感到光荣吗	
	SC13	本村的社会风气如何	
	SC14	你村地里庄稼是否经常被盗	
	SC15	你村家里东西是否经常被盗	
	SC16	你村邻里是否经常争吵	

社会资本测量指标的信度分析。本书采用SPSS24.0对社会资本16个指标进行了信度分析。信度分析结果显示,社会互动的克朗巴哈信度系数为0.82,因此,2010年数据中社会互动变量测量具有非常好的信度。

社会互动测量指标的效度分析。表面效度是衡量效度的常用方法,定量分析中也通常采用探索性因子分析进行效度估计。探索性因子分析需要进行KMO测度和Bartlett球体检验,KMO值大于0.7,Bartlett球形检验在0.01水平上显著,即可视为具有较高的效度。本书中社会资本的概念内涵依据福山对社会资本概念的理解而界

定，即社会资本是"由社会或社会的一部分普遍信任所产生的一种力量，是一种有助于两个或更多个体之间相互合作、可用事例说明的非正式规范，这种规范可以是两个朋友之间的互惠性规范，也可以是像基督教或儒教之类的复杂而精巧的教条"。依据福山对社会资本概念的界定，进一步将社会资本划分为信任、互惠和合作规范三个维度，具体指标发展与社会资本概念内涵具有逻辑相符性。本书中社会资本指标借鉴了已有研究文献，指标发展有文献基础。总体而言，社会互动指标测量具有很好的表面效度。采用探索性因子分析对社会资本的16个指标进行因子分析，KMO值为0.83，Bartlett球形检验在0.01水平上显著。这说明社会资本指标测量具有较高的效度。

（二）2015年调查对社会资本的测量

信任规范是社会资本的核心维度。本次调查通过3个问题测量了农民的社会信任："您对外地人的信任程度如何？""您对陌生人的信任程度如何？""您对大多数人的信任程度如何？"通过4个问题测量了农民的特殊信任："您对家人的信任程度如何？""您对邻居的信任程度如何？""您对村里人的信任程度如何？""您对村委会干部的信任程度如何？"

互惠规范是社会资本具有生产性的维度，包括均衡互惠和非均衡互惠。本次调查采用农民对"能请邻居来帮忙建房等事情""能从邻居那里借到小额钱""能从邻居那借到需要的工具"3个问题的赞同程度测量了均衡互惠，采用农民对"愿意帮助不认识的人""如果其他地方有灾我愿意捐款"2个问题的赞同程度测量了非均衡互惠。

合作规范是社会资本的重要维度，体现了农民的秩序感和归属感，通过如下7个问题进行测量：关于本村，您是否赞同"村里人相互很团结""自己是村里的重要一分子""本村邻里之间关系和睦""本村治安秩序很好""很喜欢村里的人""如果不得不搬离本村会很不舍""对本村有自豪感和荣誉感"？

表 4-2　　　　　　　社会资本测量指标、答案与赋值

维度	测量指标	测量指标内容	答案与赋值
信任规范	SC1	对家人的信任程度	"根本不信任"、"不太信任"、"一般"、"比较信任"和"完全信任",分别赋值1—5分
	SC2	对邻居的信任程度	
	SC3	对村里人的信任程度	
	SC4	对村委会干部的信任程度	
	SC5	对外地人的信任程度	
	SC6	对陌生人的信任程度	
	SC7	对大多数人的信任程度	
互惠规范	SC8	能请邻里帮忙建房	"很不赞同"、"不太赞同"、"一般"、"比较赞同"和"非常赞同",分别赋值1—5分
	SC9	能请邻里帮忙借小额钱	
	SC10	能请邻里帮忙借需要的工具	
	SC11	愿意帮助不认识的人	
	SC12	如果其他地方有灾我愿意捐款	
合作规范	SC13	村里人相互很团结	"很不赞同"、"不太赞同"、"一般"、"比较赞同"和"很赞同",分别赋值1—5分
	SC14	自己是村里的重要一分子	
	SC15	本村邻里之间关系和睦	
	SC16	本村治安秩序很好	
	SC17	很喜欢村里的人	
	SC18	如果不得不离开会很不舍	
	SC19	对本村有自豪感和荣誉感	

社会资本测量指标的信度分析。本书采用 SPSS24.0 对社会资本 19 个指标进行了信度分析。信度分析结果显示,社会资本的克朗巴哈信度系数为 0.88,因此,2015 年数据中社会资本变量测量具有非常好的信度。

社会资本测量指标的效度分析。表面效度是衡量效度的常用方法,定量分析中也通常采用探索性因子分析进行效度估计。本书中社会资本的概念内涵依据福山对社会资本概念的理解而界定,将社会资本划分为信任、互惠和合作规范三个维度,具体指标发展与社会资本概念内涵具有逻辑相符性。本书中社会资本指标借鉴了已有研究文献,指标发展有文献基础。总体而言,社会资本指标测量具有很好的

表面效度。采用探索性因子分析对社会资本的 19 个指标进行因子分析，KMO 值为 0.89 时，Bartlett 球形检验在 0.01 水平上显著。这说明社会资本指标测量具有较高的效度。

（三）两次调查对社会资本测量的相同与不同

2010 年和 2015 年调查对社会资本的测量都从信任、互惠和合作规范三个维度进行，不同之处是三个维度的具体测量指标有所差异。具体来说，2010 年调查中信任维度的测量指标只反映了农民所在地缘范围内的特殊信任；2015 年调查在特殊信任的基础上补充测量了社会信任，更能准确、全面地反映农民的信任状况。2015 年调查有关互惠的指标在 2010 年的基础上也进行了完善，不仅测量了均衡互惠，还测量了非均衡互惠，更能准确、全面地反映农民的互惠状况。两次调查均从社区归属感和社区秩序感两个方面测量了农民的合作规范，但具体测量指标略有差异。

第五章　社会资本对农民参保行为影响的实证分析

第一节　社会资本对城乡居民养老保险参保选择的影响

一　变量测量与处理

自变量。社会资本是诸如信任、互惠和合作之类的能够实现某种目的的观念性资源，这一概念将社会网络维度排除在社会资本概念范畴之外，把社会资本的原因和社会资本本身区别开来。据此定义，本书把社会资本概念操作划分为信任、互惠和合作规范三个维度。

信任是社会资本的第一个维度。信任反映了农民对不同置信对象的信任程度。2010年调查问卷设计了6个问题，用农民对亲戚、本家族成员、同小组村民、同自然村村民、同行政村村民及村干部的信任程度来测量，答案用从"十分信任"到"不信任"四点来区分，分别记4—1分。互惠是社会资本的第二个维度。问卷设计了4个问题，用农民对"邻里之间应该互相帮忙干活"、"邻里之间应该互相借用农具"、"邻里之间应该互相借钱"和"邻里之间帮忙应该不求回报"的认同程度来测量农民的互惠程度，答案用从"非常赞同"到"不赞同"四点来区分，分别记4—1分。合作规范是社会资本的第三个维度。合作规范高的农民社区归属感和社区秩序感较高。问卷设计了6个问题进行测量，测量社区归属感的问题有："你认为在本村生活有安全感吗？"答案用从"很有安全感"到"没有安全感"四点来区分；"你会经常为本村感到光荣吗？"答案用从"经常"到"从不"四点来区分，"本村的社会风气如何？"答案用从"很好"到"很差"五点来区分；测量社区秩序感的问题有："你村地里庄稼是否经常被盗？""你村家里东西是否经常被盗？""你村邻里是否经常争吵？"答案皆从"经常发生"到"没有发生"四点来区分。6个问题的答案均采用五点或四点李克特量表法进行赋值。

对测量社会资本的16个指标进行探索性因子分析。KMO值为0.83时，Bartlett球形检验在0.01水平上显著。根据特征值大于1的原则和最大方差法旋转提取了5个子指标，对社会资本贡献的方差比例分别为17.32%、13.51%、11.85%、10.36%和9.3%，一共解释了62.34%的总变异。具体结果见表5-1。因子分析结果表明，农民的信任可以分为血缘信任和地缘信任，前者包括农民对亲戚及本家族成员的信任，后者包括农民对村里其他人的信任。因子分析结果印证了格兰诺维特依据信任程度可以将关系区分为强关系、弱关系的观点，血缘信任是农民的强关系，农民对亲戚及本家族成员的信任度较高；地缘信任是弱关系，农民对村里其他人信任度较低。这也符合费孝通差序格局的论断，农民信任的核心是以亲戚和家族成员为核心的血缘信任，然后才是对其他农民的地缘信任。以5个子指标所贡献的方差比例为权重，将5个子指标合成社会资本指标。① 为更加直观地观察社会资本指标及5个子指标的分布情况，将其转换为1—100分的指数。②

因变量。农民的参保选择是该研究的因变量。针对农民的参保选择变量，问卷中设计了1个问题："您是否已经参与城乡居民养老保险？"答案分为"是"与"否"。如果农民回答"是"则令虚拟变量"参与行为"为1，"否"为0。统计分析结果显示，1595个作答的农

---

① 社会资本指标＝子指标1因子值×方差贡献比例＋子指标2因子值×方差贡献比例＋子指标3因子值×方差贡献比例＋子指标4因子值×方差贡献比例＋子指标5因子值×方差贡献比例。

② 指数＝（因子值＋B）×A，其中：A＝99÷（因子最大值－因子最小值）；B＝［（因子最大值－因子最小值）÷99］－因子最小值。

民中，75.05%的农民参保，24.95%的农民未参保。具体分析结果见图 5-1。

表 5-1　　　　　　　　社会资本因子分析结果

	因子					
	子指标1	子指标2	子指标3	子指标4	子指标5	共量
对亲戚的信任程度	0.225	0.121	0.068	0.117	0.788	0.704
对本家族的信任程度	0.239	0.133	0.167	-0.033	0.738	0.649
对同组村民的信任程度	0.794	0.099	0.098	0.096	0.265	0.730
对同自然村村民的信任程度	0.851	0.145	0.076	0.086	0.151	0.780
对同行政村村民的信任程度	0.848	0.114	0.119	0.058	0.085	0.756
对村干部的信任程度	0.652	0.076	0.322	0.117	0.089	0.556
邻里应互相帮忙的认同程度	0.009	0.613	0.053	0.027	0.350	0.501
邻里应互相借东西的认同程度	0.089	0.839	0.070	-0.058	0.059	0.723
邻里应互相借钱的认同程度	0.254	0.768	0.025	0.080	-0.117	0.675
邻里帮忙不求回报的认同程度	0.056	0.618	0.130	0.019	0.120	0.417
你认为在本村生活有安全感吗	0.108	0.094	0.702	0.210	0.120	0.571
你会经常为本村感到光荣吗	0.183	0.087	0.804	0.005	0.048	0.690
本村的社会风气如何	0.152	0.095	0.711	0.279	0.090	0.623
你村地里庄稼是否经常被盗	0.057	0.048	0.208	0.672	0.138	0.519
你村家里东西是否经常被盗	0.054	-0.035	0.070	0.800	0.076	0.654
你村邻里是否经常争吵	0.123	0.025	0.110	0.621	-0.108	0.425
特征值	2.771	2.162	1.896	1.657	1.489	9.975
平均方差（%）	17.321	13.510	11.847	10.358	9.304	62.341

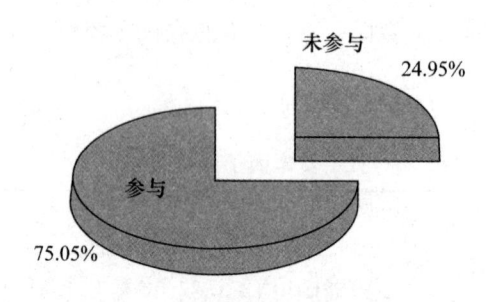

图 5-1　农民参保选择饼形图

控制变量。从农民个体、家庭和地区特征三个层面设置控制变量。年龄、是否已婚、是否党员、是否干部和受教育年数 5 个变量，家庭年纯收入、家庭有无老人和家庭子女数 3 个变量，所在村与县城的距离和所在县（区）2 个变量分别反映了农民的个体、家庭和所在地区的特征。是否党员、是否干部、是否已婚、家庭有无老人和所在县（区）5 个定类变量采用虚拟方法构造变量。家庭年纯收入（2009年）取值为 1—10 分，以 5000 元为组距，1 分对应 5000 元及以下，10 分对应 45000 元及以上。所在村与县城的距离是根据实际公里数的四分位值转化为 1—4 分的定序变量。年龄和受教育年数都是数据型变量。

二　描述统计

表 5-2 显示了有关变量的描述统计结果。结果发现，参保农民社会资本指标平均值为 58.43，略高于未参保农民的平均值（56.16）。5 个子指标中，只有子指标 1 有相似的结果，参保农民子指标 1 的平均值（49.26）明显大于未参保农民的平均值（45.44）。其他 4 个子指标在参保农民和未参保农民之间没有明显差别。

按照社会资本指标四分位点分析农民参保选择的比例发现，在社会资本第一个四分位 25% 的样本中，72.09% 的农民参保；在第二个四分位 25% 的样本中，73.58% 的农民参保；在第三个四分位 25% 的样本中，74.12% 的农民参保；在第四个四分位 25% 的样本中，79.13% 的农民参保。总体来看，随着社会资本指标四分位点的提高，农民参保选择的比例保持升高趋势。在简单的描述统计之后，下面进行严格的实证分析。

表 5-2　　　　　　　　　　变量的描述统计

	参与			未参与		
	观测值	均值	标准差	观测值	均值	标准差
社会资本指标	1105	58.43	18.45	373	56.16	17.53
子指标 1	1105	49.26	18.06	373	45.44	16.90
子指标 2	1105	67.44	17.15	373	67.03	17.13
子指标 3	1105	60.36	14.74	373	60.64	15.27
子指标 4	1105	62.80	20.46	373	63.76	20.59
子指标 5	1105	68.93	14.96	373	68.54	16.08
年龄	1182	42.05	6.68	395	40.17	8.76
是否已婚	1197	0.96	0.21	398	0.88	0.33
是否党员	1175	0.09	0.29	395	0.07	0.25
是否干部	1178	0.06	0.23	395	0.04	0.19
受教育年数	1191	7.62	3.32	398	7.64	3.40
家庭年纯收入	1182	3.34	2.83	392	3.20	2.64
家庭有无老人	1197	0.75	0.434	398	0.73	0.45
家庭子女数	1186	2.13	0.93	394	2.00	1.12
所在村与县城距离	1163	2.35	1.05	378	2.46	1.19

三　实证分析

因变量"参保选择"是一个赋值为 1 和 0 的虚拟变量，采用两变量的 LOGISTIC 回归模型进行分析，回归拟合方程的公式是：

$$\text{Ln}(p_i/1 - p_i) = \beta_0 + \beta_1 X_1 + \beta_2 X_2 + \beta_3 X_3 + \beta_4 X_4$$

上式中，β_1 体现了社会资本对农民参保选择的影响，β_2 至 β_4 代表了农民个体、家庭和社区层面变量的作用。控制社区变量可以排除社区经济水平和政府执行力对农民参保选择的影响。表 5-3 中模型 1 是基准模型，反映了控制变量对农民参保选择的影响，模型 2 和模型 3 分别反映了社会资本指标及 5 个子指标的影响。

回归分析结果发现，社会资本对农民参保选择有显著的推动作用。从伪决定系数来看，加入社会资本指标及子指标后，模型2和模型3的拟合程度高于基准模型。模型2显示，社会资本指标对农民参保选择有显著促进作用，社会资本水平每增加1%，农民参保可能性提升0.7%。模型3显示，社会资本5个子指标中，只有子指标1通过了0.01水平的显著性检验，子指标1反映了农民对地缘关系的信任水平，地缘信任水平每增加1%，农民参保的发生比提升1.3%。社会资本其他4个子指标对农民的参保选择没有显著影响。

表5-3　　社会资本对参保选择影响的LOGISTIC回归分析

	模型1 B	模型1 Exp(B)	模型2 B	模型2 Exp(B)	模型3 B	模型3 Exp(B)
社会资本指标			0.007**	1.007		
子指标1					0.013***	1.013
子指标2					0.002	1.002
子指标3					-0.004	0.996
子指标4					0.001	1.001
子指标5					0.000	1.000
年龄	0.020*	1.020	0.023**	1.023	0.022**	1.022
是否已婚（是=1）	1.072***	2.921	1.014***	2.757	1.002***	2.724
是否党员（是=1）	0.230	1.259	0.162	1.176	0.107	1.113
是否干部（是=1）	0.301	1.351	0.248	1.282	0.251	1.285
受教育年数	0.007	1.007	0.007	1.007	0.011	1.011
家庭年纯收入	0.031	1.031	0.028	1.028	0.028	1.028
家庭有无老人（有=1）	0.197	1.218	0.192	1.212	0.225	1.253
家庭子女数	-0.041	0.960	-0.049	0.952	-0.045	0.956
所在村与县城距离	-0.007	0.993	-0.042	0.959	-0.052	0.950
耀州区	0.518***	1.679	0.554***	1.741	0.522***	1.685
即墨区	0.525**	1.690	0.531**	1.700	0.533**	1.704
常量	-1.210**	0.298	-1.596	0.203	-1.733***	0.177
卡方值	53.541		54.579		63.366	
似然值	1600.245		1499.943		1497.709	
伪R平方	0.053		0.058		0.067	
样本量	1469		1373		1373	

注：***、**、*分别代表在0.01、0.05、0.1水平上显著，下同；耀州区和即墨区的参照对象是神木县，下表同。

四 结论

作为我国农村社会结构的核心特征，社会资本对农民参保选择有非常重要的影响。基于2010年对我国3县（区）1612个农民的调查数据，本节研究了社会资本对参保选择的影响。因子分析结果发现，农民的信任可以分为血缘信任和地缘信任，前者包括农民对亲戚及本家族成员的信任，后者包括农民对村里其他人的信任。因子分析结果印证了格兰诺维特依据信任程度可以将关系区分为强关系、弱关系的观点，血缘信任是农民的强关系，农民对亲戚及本家族成员的信任度较高；地缘信任是弱关系，农民对村里其他人信任度较低。这也符合费孝通提出差序格局理论来描述我国农村社会关系形态的论断。回归分析结果发现，社会资本对农民的参保选择具有推动作用。农民的参保选择受到其社会资本的影响。具体来说，农民的社会资本水平每增加1%，参保发生比提升0.7%。社会资本通过地缘信任子指标对农民的参保选择具有推动作用。地缘信任水平每增加1%，农民参保的发生比提升1.3%。

第二节 社会资本对城乡居民养老保险参保档次的影响

一 变量测量与处理

本节旨在探究社会资本对城乡居民养老保险参保档次的影响，研究基于2015年数据进行分析。社会资本指农民的关系特征，包括信任、互惠和合作规范，测量从这三个维度进行。社会信任是社会资本的核心维度。本书通过3个问题测量了农民的社会信任："您对外地人的信任程度如何？""您对陌生人的信任程度如何？""您对大多数人的信任程度如何？"通过4个问题测量了农民的特殊信任："您对家人的信任程度如何？""您对邻居的信任程度如何？""您对村里人的信任程度如何？""您对村委会干部的信任程度如何？"所有测量信任的备选答案都分为"根本不信任、不太信任、一般、比较信任、完全信任",采用五点李克特量表测量方式赋值1—5分。互惠是社会资本具有生产性的维度,包括均衡互惠和非均衡互惠。采用3个问题测量了均衡互惠,即:"您赞同能请邻居来帮忙建房等事情吗?""您赞同能从邻居那里借到小额钱吗?""您赞同能从邻居那借到需要的工具吗?"采用2个问题测量了非均衡互惠,即:"您赞同愿意帮助不认识的人吗?""您赞同如果其他地方有灾我愿意捐款吗?"所有答案均分为"很不赞同、不太赞同、一般、比较赞同、非常赞同",分别赋值1—5分。合作规范是社会资本的重要维度,体现了农民的秩序感和归属感,通过如下7个关于本村的问题进行测量:"您是否赞同村里人相互很团结?""您是否赞同自己是村里的重要一分子?""您是否赞同本村邻里之间关系和睦?""您是否赞同本村治安秩序很好?""您是否赞同很喜欢村里的人?""您是否赞同如果不得不搬离本村会很不舍?""您是否赞同对本村有自豪感和荣誉感?"7个问题的答案都分为"很不赞同、不太赞同、一般、比较赞同、很赞同",分别赋值1—5分。

通过探索性因子分析简化社会资本19个指标。根据特征值大于1的原则进行最大方差法旋转,提取了4个公因子,一共解释61.99%的方差。测量非均衡互惠的2个指标存在交叉负荷的情况,所反映的潜在概念不清晰。故剔除这2个指标,对社会资本17个指标重新进行因子分析。KMO测度显示KMO值为0.88,Bartlett球形检验在0.01水平上显著。根据特征值大于1的原则进行最大方差法旋转,提取了4个因子,一共解释64.99%的方差。结合因子负荷系数和附着各因子指标的含义,分别将4个因子命名为合作秩序、均衡互惠、特殊信任和社会信任因子。具体结果见表5-4。以4个因子所贡献的方差比例为权重,将4个因子合成社会资本指标。[①] 为更加直观地观察社会资本指标及4个子指标的分布情况,将其转换为1—100之间的指数。[②]

[①] 社会资本总指标=地缘信任因子值×方差贡献比例+邻里互惠因子值×方差贡献比例+归属感×方差贡献比例+地缘秩序×方差贡献比例+血缘信任×方差贡献比例。

[②] 转化后的因子值=(因子值+B)×A,其中:A=99÷(因子最大值-因子最小值);B=[(因子最大值-因子最小值)÷99]-因子最小值。

表 5-4　　　　　　　　社会资本指标及其因子分析

		4 个因子			
		子指标1	子指标2	子指标3	子指标4	共量
信任程度	对家人	0.001	0.073	0.608	-0.197	0.414
	对邻居	0.069	0.167	0.833	0.155	0.751
	对村里人	0.179	0.110	0.796	0.262	0.746
	对村委会干部	0.298	-0.052	0.647	0.281	0.589
	对外地人	0.052	-0.013	0.079	0.788	0.630
	对陌生人	-0.012	-0.010	0.019	0.833	0.695
	对大多数人	0.084	0.093	0.145	0.651	0.461
互惠程度	能请邻里帮忙建房	0.278	0.810	0.121	0.002	0.748
	能请邻里帮忙借小额钱	0.243	0.834	0.096	0.128	0.779
	能请邻里帮忙借需要的工具	0.319	0.774	0.089	-0.042	0.711
合作程度	村里人相互很团结	0.767	0.212	0.083	0.055	0.643
	自己是村里的重要一分子	0.750	0.119	0.108	0.116	0.601
	本村邻里之间关系和睦	0.793	0.218	0.087	0.029	0.685
	本村治安秩序很好	0.764	0.147	0.094	0.093	0.622
	很喜欢村里的人	0.824	0.237	0.098	0.038	0.747
	如果不得不离开会很不舍	0.703	0.237	0.047	-0.050	0.555
	对本村有自豪感和荣誉感	0.807	0.059	0.127	0.012	0.671
	特征值	4.560	2.251	2.239	1.998	11.048
	平均方差（%）	26.826	13.239	13.168	11.755	64.988

其他变量。农民的"参保档次"是因变量，农民个体、家庭、地区特征三个层面变量是控制变量。关于因变量和控制变量的描述与分析详见上文。表 5-5 给出了相关变量的描述统计结果。

表 5-5　　　　　　　　　　变量描述统计

	观测值	最小值	中位值	均值	标准差	最大值
参保档次	1128	1	1	1.29	0.70	4
社会资本指标	1389	1	64.87	64.41	14.88	100
子指标1	1389	1	63.36	63.28	14.74	100
子指标2	1389	1	64.46	64.33	13.73	100
子指标3	1389	1	64.94	63.53	11.88	100
子指标4	1389	1	64.87	64.41	14.88	100
性别（男=1）	1400	0	1	0.65	0.48	1
年龄	1395	16	44	41.38	10.95	59
身体状况	1395	1	4	3.84	0.91	5
婚姻（已婚=1）	1392	0	1	0.84	0.36	1
党员（是=1）	1398	0	1	0.09	0.28	1
干部（是=1）	1397	0	0	0.03	0.17	1
教育年限	1397	0	9	8.34	3.81	20
家庭年纯收入	1402	0	3	4.18	3.71	50
家庭流动资产	1383	-2	1	2.59	4.15	30
家庭总抚养比	1388	0	0.5	0.71	0.73	5
家庭耕地数量	1386	0	4	5.48	0.73	50
东部地区（是=1）	287	0	0	0.21	0.40	1
东北地区（是=1）	284	0	0	0.20	0.40	1
中部地区（是=1）	278	0	0	0.20	0.40	1
西南地区（是=1）	268	0	0	0.19	0.39	1
西部地区（是=1）	284	0	0	0.20	0.40	1

二　实证分析

本节实证分析社会资本对农民参保档次的影响。首先，分析社会资本对农民参保档次的影响效应；其次，分析社会资本对农民参保档次作用机制。

因变量"参保档次"是一个四分类的定序变量，采用有序 LO-

GISTIC 回归模型进行分析，公式是：
$$\text{Logit}(y_{ij}) = \theta_j - (\beta_1 x_{i1} + \beta_2 x_{i2} + \beta_3 x_{i3})$$

式中，Y_{ij} 是第 i 个样本在第 j 个类别的累加概率，θ_j 是第 j 个类别的阈值。β_1 是农民个体、家庭和社区特征的回归系数，β_2 是社会资本指标的回归系数，β_3 是社会资本子指标的回归系数。表 5-6 构建了 3 个模型。模型 1 是基础模型，反映了农民个体、家庭和地区层面共 15 个变量对农民参保档次的影响。模型 2 在模型 1 的基础上加入了社会资本指标，模型 3 在模型 1 的基础上加入了社会资本 4 个子指标。模型 2 和模型 3 的解释力比模型 1 有明显提高。

实证分析结果发现，社会资本对农民参保档次有正、负两种影响，社会资本的整体影响为负。模型 2 显示，社会资本指标系数为负，且通过了 0.05 水平的显著性检验，农民社会资本水平越高，越可能选择较低的参保档次。模型 3 进一步发现，社会资本对农民参保档次的影响具有两面性，子指标 1 即合作秩序子指标对农民参保档次具有负向影响，子指标 4 即社会信任子指标对参保档次有正向影响，而社会资本其他 2 个子指标没有通过显著性检验。

表 5-6　　　　　　　社会资本对农民参保档次的影响

	模型 1		模型 2		模型 3	
	B	SE	B	SE	B	SE
社会资本指标			-0.016***	0.006		
子指标 1					-0.024***	0.006
子指标 2					-0.005	0.006
子指标 3					-0.008	0.008
子指标 4					0.016***	0.005
性别	0.170	0.193	0.225	0.199	0.217	0.201
年龄	-0.008	0.012	-0.004	0.012	-0.003	0.013
身体状况	0.346***	0.103	0.404***	0.106	0.404***	0.109
是否已婚	0.734**	0.361	0.765**	0.364	0.795**	0.369

续表

	模型1		模型2		模型3	
	B	SE	B	SE	B	SE
是否党员	-0.145	0.317	-0.057	0.322	-0.087	0.330
是否干部	-0.025	0.469	-0.032	0.475	-0.079	0.486
受教育年数	0.048	0.031	0.053*	0.031	0.059*	0.031
家庭年纯收入	-0.027	0.028	-0.038	0.030	-0.047	0.030
家庭流动资产	0.100***	0.020	0.105***	0.020	0.104***	0.021
家庭总抚养比	-0.359***	0.144	-0.383***	0.147	-0.384***	0.150
家庭耕地数量	0.005	0.014	0.008	0.014	0.002	0.014
地区	已控制		已控制		已控制	
阈值						
100元档次=1	4.936***	0.845	4.436***	0.884	3.786***	1.070
200元档次=2	5.800***	0.852	5.292***	0.891	4.664***	1.075
300元档次=3	7.249***	0.874	6.750***	0.912	6.138***	1.093
卡方值	4600.255		5494.820		5934.683	
似然值	1191.325		1162.772		1144.397	
伪R平方	0.178		0.193		0.214	
N	1070		1062		1062	

三 结论

基于2015年对5省1402个农民的问卷调查，本节实证分析了社会资本对农民城乡居民养老保险参保档次的影响。从信任、互惠和合作规范三个维度测量了社会资本概念，基于社会资本的因子分析发现，社会资本可以分为合作秩序、均衡互惠、特殊信任和社会信任4个子指标。回归分析发现，社会资本总体上对农民参保档次有显著负向影响，具体而言，社会资本对农民参保档次有正、负两种影响，社会资本通过合作秩序子指标对农民参保档次具有负向影响，通过社会信任子指标对参保档次有正向影响，而均衡互惠、特殊信任2个子指标对参保档次没有显著影响。总体而言，社会资本对农民参保档次的影响具有两面性，合作秩序子指标对农民参保档次具有负向影响，社会信任子指标有正向影响。采用改变参保档次分析单位和剔除非自愿缴费样本两种方法进行稳健性检验，其结果都是一致的。

第三节　社会资本对城乡居民养老保险参保忠诚的影响

一　数据来源与变量分析

本节旨在实证分析社会资本对城乡居民养老保险参保忠诚的影响，本节实证分析基于2015年2月至5月在全国5省实施的问卷调查。社会资本自变量及农民个体、家庭、地区三个层面的控制变量描述统计结果见本章第二节表5-6。因变量参保忠诚测量及分析结果见第五章第三节。

二　实证分析

因变量"参保忠诚"是一个虚拟变量，参保忠诚为1，参保不忠诚为0，采用二项变量的LOGISTIC回归模型进行分析。表5-7构建了3个模型，模型1为基础模型，反映了农民个体、家庭和地区层面15个控制变量对参保忠诚的影响；模型2在模型1的基础上加入了社会资本指标，模型3在模型1的基础上加入了社会资本4个子指标。

社会资本对参保忠诚有显著的正向影响。加入社会资本指标及4个子指标后，模型2和模型3的虚拟R^2比模型1分别增加了7.2%和8.1%。模型2显示，社会资本的回归系数为正，且通过了0.01水平的显著性检验，社会资本水平每增加1%，农民参保忠诚的发生比提高4.1%。模型3发现，社会资本通过4个子指标对农民的参保忠诚均有推进作用，农民的合作秩序、均衡互惠、特殊信任和社会信任水平越高，参保忠诚的发生比越高。

表 5-7　　　　　　　　社会资本对参保忠诚的影响

	1		2		3	
	B	Exp (B)	B	Exp (B)	B	Exp (B)
社会资本指标			0.040***	1.041		
子指标1					0.023***	1.023
子指标2					0.023***	1.023
子指标3					0.029***	1.029
子指标4					0.017***	1.017
性别	0.071	1.073	-0.080	0.923	-0.083	0.920
年龄	0.032***	1.033	0.028***	1.028	0.029***	1.030
身体状况	0.329***	1.390	0.261***	1.298	0.255***	1.290
是否已婚	0.091	1.095	0.035	1.036	0.008	1.008
是否党员	0.686*	1.986	0.378	1.460	0.386	1.470
是否干部	0.982	2.669	0.962	2.618	0.930	2.535
受教育年数	-0.004	0.996	0.012	1.012	0.016	1.016
家庭年纯收入	0.057**	1.059	0.079***	1.082	0.078***	1.081
家庭流动资产	-0.010	0.990	-0.017	0.983	-0.016	0.984
家庭总抚养比	-0.014	0.986	-0.061	0.941	-0.032	0.969
家庭耕地数量	0.004	1.004	-0.006	0.994	-0.007	0.993
地区	已控制		已控制		已控制	
卡方值	48.659		103.606		110.753	
似然值	1107.811		1048.746		1041.599	
伪R平方	0.065		0.137		0.146	
N	1144		1135		1135	

三　结论

本节旨在实证分析社会资本对城乡居民养老保险参保忠诚的影响。基于2015年在全国5省实施的调查数据，回归分析结果发现，社会资本对参保忠诚有显著的正向影响。社会资本水平每增加1%，农民参保忠诚发生比提升4.1%。社会资本通过4个子指标对农民的参保忠诚均有推进作用，农民的合作秩序、均衡互惠、特殊信任和社会信任水平越高，其参保忠诚发生比越高。具体而言，合作秩序、均衡互惠、特殊信任和社会信任水平每增加1%，农民参保忠诚的发生比分别提升2.3%、2.3%、2.9%和1.7%。采用参保忠诚替代变量和剔除非自愿参保样本两种方式进行稳健性检验的结果是一致的。

第四节 社会资本影响城乡居民养老保险参保行为的作用机制

一 基于2010年数据的检验

本书的实证结果发现社会资本对农民参保选择具有推动作用，下面基于2010年数据探究社会资本对农民参保选择的作用机制。根据前文理论与文献分析，本书将社会资本对农民参保选择的作用机制概括为信息获取、规范调节、价值感知、期望值和非正式保险机制。依次检验社会资本的信息获取机制、规范调节机制、价值感知机制、期望值机制和非正式保险机制。

（一）社会资本的信息获取机制

社会资本激励农民通过制度传播渠道和人际传播渠道获取信息从而激励参保。合理的推论是：社会资本可以降低农民因为信息缺失而未参保的可能性。验证这一推论也就检验了社会资本的信息获取机制。问卷中设计了1个问题："您没有参加城乡居民养老保险的原因有哪些？（可多选）"答案分为："①不知道这个政策"；"②交不起费用"；"③养老待遇太少"；"④证件不齐"；"⑤靠家庭养老就行"；"⑥不相信能兑现"；"⑦不公平"；"⑧不知道怎么参与"；"⑨错过了时间"；"⑩家里人不让参与"。如果农民选择了"①不知道这个政策"和"⑧不知道怎么参与"中至少一项，则令虚拟变量"因为信息缺失而未参保"为1，否则为0。这个变量反映了农民是否会因为信息缺失而未参保，下面检验社会资本是否会显著降低这种情况发生的可能性。统计分析显示，在1595个有效样本中，14.04%的农民因为信息缺失而未参保；85.96%的农民因为其他原因未参保或已参保。表5-8构建了4个模型分别使用LOGISTIC和LPM模型对社会资本指标和5个子指标进行检验。

实证分析结果发现，社会资本子指标1显著降低了农民因为信息缺失而未参保的可能性。无论是 LOGISTIC 还是 LPM 回归模型，社会资本子指标1的回归系数都显著为负，地缘信任水平越高，农民因为信息缺失而未参保的可能性越低。社会资本指标在 LOGISTIC 和 LPM 回归模型中没有通过显著性检验，但模型2中社会资本指标的回归系数为负，说明样本中社会资本降低了农民因为信息缺失而未参保的可能性。

表5-8　　　　　社会资本的信息获取机制检验方法一

	模型1 LPM	模型2 LOGISTIC	模型3 LPM	模型4 LOGISTIC
社会资本指标	0.000 (0.001)	-0.005 (0.004)		
子指标1			-0.001** (0.001)	-0.011** (0.005)
子指标2			1.835E-5 (0.001)	0.000 (0.005)
子指标3			0.001 (0.001)	0.006 (0.005)
子指标4			0.000 (0.000)	-0.001 (0.004)
子指标5			9.770E-5 (0.001)	0.001 (0.005)
控制变量	a	a	a	a
R平方/伪R平方	0.037	0.056	0.040	0.063
样本量	1383	1384	1383	1384

注：控制变量 a 如表5-3 的控制变量，下同。

从另一个方面检验社会资本的信息获取机制。社会资本激励农民通过两组渠道获取信息增进了信息知晓度，从而激励农民参保。如果社会资本能提升农民对城乡居民养老保险的信息知晓度，也就验证了社会资本的信息获取机制。问卷中设计了5个问题测量了农民对"政府补助数额"、"缴费档次"、"受益标准如何计算"、"需要交多少年"和"领取养老金条件的清楚程度",答案用从"很清楚"到"很不清楚"四点来区分,分别赋值4—1分。用因子分析方法构造"信息知晓度"变量,并转化为1—100分之间的指数。因变量"信息知晓度"是连续性定距变量,采用OLS回归模型分析社会资本指标及子指标的影响。表5-9构建了3个模型,模型1为基准模型,模型2和模型3分别增加了社会资本指标和5个子指标。

实证分析结果表明,社会资本显著提升了农民的信息知晓度。模型2和模型3的R平方较基准模型有显著增加,模型2中社会资本指标通过了0.01水平的显著性检验,且回归系数为正,社会资本水平越高,农民的信息知晓度越高。模型3表明,社会资本对农民信息知晓度的提升作用是通过子指标1和子指标3实现的。

表5-9　　　　社会资本的信息获取机制检验方法二

	模型1		模型2		模型3	
	B	SE	B	SE	B	SE
社会资本指标			0.194***	0.030		
子指标1					0.185***	0.030
子指标2					0.022	0.031
子指标3					0.130***	0.036
子指标4					0.042	0.026
子指标5					0.051	0.035
控制变量	a		a		a	
R平方	0.056		0.090		0.098	
N	1435		1346		1346	

(二) 社会资本的规范调节机制

社会资本的规范调节机制导致农民在参保中出现从众行为。问卷设计了1个问题:"您为什么参加城乡居民养老保险?"答案分为:"①政策有实惠";"②政府强制让缴费";"③为了让家里老人领到养老金";"④想靠这个以后养老";"⑤费用不高,无所谓";"⑥看大家都参与了";"⑦其他"。如果农民选择了"⑥看大家都参与了",则令虚拟变量"因为看大家都参与了而参保"为1,否则为0。在

1595个有效样本中，57.37%的农民因为"看大家都参与了"而参保，42.63%的农民选择因为其他参保或未参保。如果社会资本能够显著地增加该事件发生的可能性，就验证了社会资本的规范调节机制。表5-10构建了4个模型，模型1和模型3报告了LPM回归分析结果，模型2和模型4报告了LOGISTIC回归结果。

回归分析结果表明，社会资本显著增加了农民因为看大家都参与了而参保的可能性。模型1和模型2发现，社会资本指标通过了0.01水平的显著性检验，社会资本水平的提升显著增加了这种情况发生的可能性。模型3和模型4表明，子指标1在0.01显著水平下提升了农民因为看大家都参与了而参保的可能性。LOGISTIC和LPM回归结果一致发现社会资本水平的增加显著地提高了农民参与行为中从众的可能性。

表5-10　　　　　　　　社会资本的规范调节机制

	模型1 LPM	模型2 LOGISTIC	模型3 LPM	模型4 LOGISTIC
社会资本指标	0.002*** (0.001)	0.009*** (0.003)		
子指标1			0.002*** (0.001)	0.008*** (0.003)
子指标2			0.001 (0.001)	0.003 (0.003)
子指标3			0.001 (0.001)	0.003 (0.004)
子指标4			0.001 (0.001)	0.004 (0.003)
子指标5			0.000 (0.001)	0.001 (0.004)
控制变量	a	a	a	a
R平方/伪R平方	0.033	0.045	0.034	0.046
N	1372	1373	1372	1373

（三）社会资本的价值感知机制

社会资本能够提高农民对养老金数额的信心，增进农民对城乡居民养老保险制度的价值感知，从而激励参保。在问题"您为什么参加城乡居民养老保险"的回答中,如果农民选择了"①政策有实惠",则令虚拟变量"因为价值感知而参保"为1,否则为0。这个变量说明农民因为对城乡居民养老保险价值感知而参保。如果社会资本能够显著提高该事件发生的概率,也就验证了社会资本价值感知机制。在1595个有效样本中,45.89%的农民因为价值感知而参保,54.11%的农民因为其他参保或未参保。

表5-11的回归分析结果表明,社会资本显著增加了农民因为价值感知而参保的可能性。模型1和模型2发现,社会资本指标都通过了0.01水平的显著性检验,社会资本水平的提升显著增加了农民因为价值感知而参保的可能性。模型3和模型4表明,子指标1和子指标4的回归系数在不同水平下都显著为正。LOGISTIC和LPM回归分析结果一致验证了社会资本的价值感知机制,社会资本提高了农民对城乡居民养老保险的价值感知,从而激励参保。

表5-11 社会资本的价值感知机制

	模型1 LPM	模型2 LOGISTIC	模型3 LPM	模型4 LOGISTIC
社会资本指标	0.004*** (0.001)	0.017*** (0.003)		
子指标1			0.004*** (0.001)	0.016*** (0.003)
子指标2			0.001 (0.001)	0.005 (0.003)
子指标3			0.001 (0.001)	0.004 (0.004)
子指标4			0.002** (0.001)	0.007** (0.003)
子指标5			0.001 (0.001)	0.004 (0.004)
控制变量	a	a	a	a
R平方/伪R平方	0.054	0.072	0.058	0.078
N	1372	1373	1372	1373

(四)社会资本的期望值机制

社会资本可以提高农民对养老金获得可能性的预期,从而促使农民参保。印证这一推论也就验证了社会资本的期望值机制。问卷调查中询问了农民两个问题:"您是否相信养老金待遇会按时按量兑现?""您是否相信养老金待遇水平以后会提高?"答案用从"非常信任"到"很不信任"五点来区分,按照信任程度从高到低分别赋值5—1分。这两个问题分别反映了农民对养老金待遇兑现和待遇提高的期望值,据此构造因变量"待遇兑现期望值"和"待遇提高期望值"。统计分析发现,在1510个有效样本中,60.07%的农民倾向于相信养老金待遇会按时按量兑现;在1504个有效样本中,54.59%的农民倾向于相信养老金待遇水平以后会提高。两变量都是定序变量,使用有序的LOGISTIC回归模型估计社会资本指标及子指标的影响。表5-12构建了4个模型,模型1和模型2反映了社会资本指标及子指标对待遇兑现期望值的影响,模型3和模型4反映了社会资本指标及子指标对待遇提高期望值的影响。

实证分析结果发现社会资本显著提升了农民的待遇兑现和待遇提高期望值。表5-12模型1和模型3中,社会资本指标都通过了0.01水平的显著性检验,回归系数皆为正,社会资本水平越高,农民对待遇兑现和待遇提高的期望值越高。模型2和模型4中,社会资本5个子指标皆通过了不同水平的显著性检验。

表5-12 社会资本的期望值机制

	模型1	模型2	模型3	模型4
社会资本指标	0.033 *** (0.003)		0.023 *** (0.003)	
子指标1		0.024 *** (0.003)		0.017 *** (0.003)
子指标2		0.012 *** (0.003)		0.007 ** (0.003)
子指标3		0.024 *** (0.004)		0.018 *** (0.003)
子指标4		0.008 *** (0.003)		0.006 ** (0.002)
子指标5		0.006 * (0.003)		0.006 * (0.003)
控制变量	a	a	a	a
伪R平方	0.131	0.141	0.075	0.081
N	1315	1315	1312	1312

(五) 社会资本的非正式保险机制

社会资本的非正式保险机制对农民的参保决策具有"挤出效应"。问卷询问了已参保农民 1 个问题："您为什么参加城乡居民养老保险？"如果农民选择了"④想靠这个以后养老"，则令虚拟变量"因为想靠制度养老而参保"为 1，否则为 0。这个变量说明农民因为想依靠城乡居民养老保险制度养老而选择参保，如果社会资本能够显著降低该事件发生的概率，也就验证了社会资本的非正式保险机制对正式保险具有"挤出效应"，反映了社会资本对农民的参与行为具有负面影响。在 1595 个有效样本中，72.29% 的农民"因为想靠制度养老而参保"，27.71% 的农民因为其他参保或未参保。

表 5-13 的回归分析表明，社会资本显著降低了农民因为想靠制度养老而参保的可能性。模型 1 和模型 2 发现，社会资本指标都通过了 0.05 水平的显著性检验，且回归系数为负，社会资本水平的提升显著降低了该情况发生的可能性。模型 3 和模型 4 表明，子指标 3 和子指标 5 在 0.1 显著水平下都降低了农民因为想靠制度养老而参保的可能性，LOGISTIC 和 LPM 回归结果都证实了社会资本的"挤出效应"。

表 5-13　　　　　　社会资本的非正式保险机制

	模型 1 LPM	模型 2 LOGISTIC	模型 3 LPM	模型 4 LOGISTIC
社会资本指标	-0.001** (0.001)	-0.007** (0.003)		
子指标 1			0.000 (0.001)	-0.005 (0.003)
子指标 2			0.001 (0.001)	0.005 (0.004)
子指标 3			-0.002* (0.001)	-0.008* (0.004)
子指标 4			0.000 (0.001)	-0.004 (0.003)
子指标 5			-0.001* (0.001)	-0.007* (0.004)
控制变量	a	a	a	a
R 平方/伪 R 平方	0.015	0.023	0.021	0.031
N	1372	1373	1372	1373

二 基于2015年数据的检验

下面基于2015年数据探究社会资本影响参保行为的作用机制。本书将社会资本影响农民参保行为的机制概括为信息获取机制、价值感知机制、期望值机制和从众机制。依次验证社会资本的信息获取机制、价值感知机制、期望值机制和从众机制。

（一）社会资本的信息获取机制

社会资本的信息获取机制表现为农民参保行为会依赖周围人群的信息，社会资本有助于农民获取周围人群的信息做出参保行为决策。问卷中测量了被访农民一个问题："做出参保行为决策时，您会不会依赖周围人提供的信息？"答案分为"肯定不会、可能不会、一般、可能会、肯定会"，分别赋值1—5分。据此问题构造因变量"依赖周围人提供信息"该变量是定序变量，采用有序LOGISTIC回归模型进行分析。

表5-14的实证结果检验了社会资本的信息获取机制。模型2发现，社会资本指标显著为正，社会资本提升了农民参保行为决策中对周围人信息的依赖程度。模型3表明，社会资本通过子指标1和子指标3提升了农民参保行为决策中对周围人信息的依赖程度。

表5-14　　　　社会资本的信息获取机制检验方式一

	模型1		模型2		模型3	
	B	SE	B	SE	B	SE
社会资本指标			0.014***	0.004		
子指标1					0.012***	0.004
子指标2					3.142E-5	0.004
子指标3					0.013***	0.004
子指标4					0.002	0.003
控制变量	a		a		a	
卡方值	5574.693		5662.291		5614.578	
似然值	3752.611		3704.238		3698.675	
伪R平方	0.040		0.051		0.055	
N	1319		1309		1039	

第五章 社会资本对农民参保行为影响的实证分析

本节从另一个方面检验了社会资本信息机制。分析社会资本对信息获取渠道的影响。调查问卷询问了被访农民:"您是通过什么渠道了解城乡居民养老保险的?(可多选)"答案分为:"①政府宣传";"②电视宣传";"③亲友告知";"④邻居告知";"⑤他人告知";"⑥村干部告知";"⑦村广播宣传";"⑧村板报"。如果农民选择了①,说明农民参与政府宣传获取信息。下面检验社会资本是否能显著提高农民参与政府宣传的可能。因变量为"参与政府宣传",答案分为"是"与"否","是"为1,"否"为0。在1399个有效样本中,55.7%的农民从政府宣传渠道了解城乡居民养老保险。以"参与政府宣传"为因变量,建立LOGISTIC回归模型和LPM回归模型分析社会资本的信息机制。

表5-15的回归结果表明,社会资本显著提高了农民参与政府宣传渠道获取城乡居民养老保险信息的可能性。无论是LOGISTIC还是LPM回归模型,社会资本指标都通过了0.01水平的显著性检验,且回归系数为正。社会资本4个子指标中,除社会信任子指标外,其他3个子指标都通过了显著性检验,社会资本对农民参与政府宣传获取信息有显著的促进作用。实证结果支持了我们的推论。

表5-15　　社会资本的信息获取机制检验方式二

	模型1		模型2	
	LPM	LOGISTIC	LPM	LOGISTIC
社会资本指标	0.007*** (0.001)	0.032*** (0.004)		
子指标1			0.007*** (0.001)	0.030*** (0.004)
子指标2			0.003*** (0.001)	0.015*** (0.004)
子指标3			0.002** (0.001)	0.010* (0.005)
子指标4			0.001 (0.001)	0.003 (0.004)
控制变量	a	a	a	a
R平方/伪R平方	0.117	0.155	0.121	0.161
N	1317	1318	1317	1318

（二）社会资本的价值感知机制

截至目前，城乡居民养老保险制度尚处在发展的初期阶段，制度存在很多不完善的地方，地方政府财政可持续补贴能力不强、经办服务质量不高、基金管理不规范、基金保值增值渠道不畅通，这些问题都会增加农民对制度养老保障能力的疑虑。社会资本能够提高农民未来受益数额的信心，提升农民依靠制度养老的信心，增进农民的价值感知。合理的推论是：社会资本可以增加农民对制度养老保障能力的价值感知。印证这一推论也就验证了社会资本的价值感知机制。问卷调查中询问了农民两个问题："您是否赞同城乡居民养老保险可以提高老年生活质量？""您是否赞同城乡居民养老保险是以后养老的重要依靠？"答案分为"非常赞同、比较赞同、一般、不太赞同、很不赞同"，分别赋值5—1分。统计分析发现，在1394个有效样本中，13.77%的农民倾向于不赞同城乡居民养老保险可以提高老年生活质量，57.32%的农民倾向于赞同城乡居民养老保险可以提高老年生活质量；20.16%的农民倾向于不赞同城乡居民养老保险是以后养老的重要依靠，50.21%的农民倾向于赞同城乡居民养老保险是以后养老的重要依靠。因变量"生活质量感知"和"养老依靠感知"为定序变量，使用有序的LOGISTIC回归模型进行估计。

表5-16的实证分析结果发现，社会资本显著提升了农民对城乡居民养老保险制度的价值感知。模型1和模型3中，社会资本指标都通过了0.01水平的显著性检验，回归系数皆为正，社会资本水平越高，农民对制度可以提高老年生活质量的价值感知越高，对城乡居民养老保险是以后养老重要依靠的价值感知越高。模型2中，除社会信任子指标之外，社会资本其他3个子指标皆通过了显著性检验，回归系数皆为正。模型4中，除均衡互惠子指标之外，社会资本其他3个子指标皆有正向影响。

表 5-16　　　　　　　　　社会资本的价值感知机制

	模型 1	模型 2	模型 3	模型 4
社会资本指标	0.042*** (0.004)		0.039*** (0.004)	
子指标 1		0.036*** (0.004)		0.038*** (0.004)
子指标 2		0.023*** (0.004)		0.005 (0.004)
子指标 3		0.021*** (0.004)		0.019*** (0.004)
子指标 4		0.002 (0.003)		0.006** (0.003)
控制变量	a	a	a	a
伪 R 平方	0.171	0.181	0.173	0.184
N	1317	1317	1317	1317

(三) 社会资本的期望值机制

城乡居民养老保险具有缴费和受益跨时间长的特征，这使得城乡居民养老保险具有风险性，农民会担心制度的可持续性，参保具有金融交易的特点。社会资本可以降低制度的不确定性，提高对制度受益概率的信心，提高农民对制度的期望值。问卷调查中询问了农民两个问题："您是否赞同政府会持续对城乡居民养老保险进行补贴？""您是否赞同政府会确保高质量的经办服务？"答案分为"非常赞同、比较赞同、一般、不太赞同、很不赞同"，分别赋值 5—1 分。统计分析发现，在 1393 个有效样本中，9.76% 的农民很不赞同或不太赞同政府会持续补贴，60.74% 的农民非常赞同或比较赞同政府会持续补贴；10.51% 的农民很不赞同或不太赞同政府会确保高质量的经办服务，54.03% 的农民非常赞同或比较赞同政府会确保高质量的经办服务。据此两个问题构造因变量"财政支持预期"和"经办服务预期"，两个变量皆为定序变量，使用有序的 LOGISTIC 回归模型进行估计。

表 5-17 回归结果发现社会资本显著提升了农民的期望值。模型 1 和模型 3 中，社会资本指标都通过了 0.01 水平的显著性检验，回归系数为正，社会资本水平的增加都显著提升了农民对财政支持的预

期，提升了经办服务的预期。模型 2 和模型 4 表明，社会资本 4 个子指标提升了农民对财政支持和经办服务的预期。

表 5-17　　　　　　　　　社会资本的期望值机制

	模型 1	模型 2	模型 3	模型 4
社会资本指标	0.051*** (0.004)		0.051*** (0.004)	
子指标 1		0.047*** (0.004)		0.043*** (0.004)
子指标 2		0.019*** (0.004)		0.017*** (0.004)
子指标 3		0.022*** (0.004)		0.029*** (0.004)
子指标 4		0.005* (0.003)		0.007** (0.003)
控制变量	a	a	a	a
卡方值	5195.118	5345.271	6202.807	5842.739
似然值	3204.306	3190.788	3213.926	3204.692
伪 R 平方	0.191	0.200	0.204	0.210
N	1316	1316	1313	1313

（四）社会资本的从众机制

社会资本的从众机制表现在社会资本通过无形的规范调节农民的参保行为，使得农民保持和周围人一致的参保决策。问卷中测量了一个问题："您是否赞同会与周围人参保选择保持一致？"答案分为"很不赞同、不太赞同、一般、比较赞同、很赞同"，分别赋值 1—5 分。据此构造因变量"从众行为"，该变量是定序变量，采用有序 LOGISTIC 回归模型进行分析。

表 5-18 的实证结果支持了社会资本的从众机制。模型 2 显示，总体来看，社会资本指标对农民的从众行为有推动作用。模型 3 显示，社会资本的从众行为具有两面性，合作秩序子指标和均衡互惠子指标都通过了显著性检验，合作秩序对农民的从众行为有正向影响，而均衡互惠有一定的负向影响。

表 5-18　　　　　　　　社会资本的从众机制

	模型 1		模型 2		模型 3	
	B	SE	B	SE	B	SE
社会资本指标			0.016***	0.004		
子指标 1					0.022***	0.004
子指标 2					-0.006*	0.004
子指标 3					0.003	0.004
子指标 4					0.002	0.003
控制变量	a		a		a	
卡方值	5226.384		5279.982		5260.806	
似然值	3728.766		3620.283		3599.232	
伪 R 平方	0.056		0.071		0.087	
N	1323		1316		1316	

三　结论

基于 2010 年和 2015 年两套数据，本节实证分析了社会资本对参保行为的作用机制。基于 2010 年数据构造了信息获取、价值感知、期望值和规范调节机制相关变量，回归分析结果发现，社会资本降低了农民因为信息缺失而未参保的可能性，提高了农民参保选择中从众的可能性，提高了农民对城乡居民养老保险的价值感知，提升了农民的待遇兑现和待遇提高期望值，降低了农民因为想靠制度养老而参保的可能性，对参保选择具有一定的"挤出效应"。社会资本通过信息获取、价值感知、期望值和规范调节机制推进了农民的参保选择，但通过非正式保险机制对参保选择也具有负向影响。基于 2015 年的数据分析也发现了社会资本的信息获取、价值感知、期望值和从众机制。社会资本提升了农民参保行为决策中对周围人信息的依赖程度，增进了农民对城乡居民养老保险制度的价值感知，提高了农民对财政支持和经办服务的期望值，对农民参保中的从众行为有推动作用。

第六章 社会资本对农民参保行为影响的稳健性分析

第一节 社会资本对城乡居民养老保险参保选择影响的稳健性检验

一 增加内生性变量的稳健性检验

(一) 社会资本与社会互动的理论相关性

社会资本是社会结构的特征,反映的是农民在交往过程中建立的关系质量。社会资本与社会互动有密切的关系,社会资本是社会互动的特征或属性。帕特南解释了社会互动或社会网络和信任、互惠及合作规范的密切关系。信任是在社会互动或社会网络中产生的,社会互动或社会网络具有信息传递的功效,一方可以低成本获得对方的品行、能力和动机信息,在信息对称的情境下,社会互动或社会网络增加了投机、欺骗的潜在成本,投机者无法从未来的交易中获益,也不能从他目前参与的其他交易中得到他所期望的收益。基于熟人交往产生的信任是特殊信任,社会互动或社会网络孕育出了特殊信任,却很难培育社会信任,因为社会信任是弱联系或社团参与的结果。志愿性社团参与对社会信任的产生具有重要作用,社团参与担负着社会信任的培育功能。社会互动或社会网络也培育了强大的互惠和合作规范,社会互动的同伴们倾向于给交往中的对方制定强大的互惠和合作规范,并相互交流遵循规范的期望,社会互动或社会网络往往体现着互惠和合作的成功,也是未来互惠和合作达成的引导程序。[①] 同时,信

[①] 帕特南:《使民主运作起来》,王列、赖海榕译,江西人民出版社2000年版,第204页。

任、互惠和合作规范强化了社会互动或社会网络。没有信任关系就没有持续的社会互动，社会互动必须建立在信任的准则之上。① 互惠规范和合作规范也会影响社会互动或社会网络的持续进行，没有人会持续和不懂回报、不会合作的人交往，持续的社会互动取决于互惠规范和合作规范的遵循。

（二）社会资本与社会互动的经验相关性

1. 社会互动的概念与测量

英国社会学家吉登斯把社会互动概念界定为"个体之间多种形式的社会接触，我们的生活是由某种类型的社会互动构成，社会互动指个体相互谋面的正式与非正式情境"。基于吉登斯社会互动的经典概念，本书的社会互动概念是指在信息传播的基础上形成的农民个体之间相互沟通的作用过程，并在政治、经济、文化等方面形成相互影响和相互依赖的社会行动过程。根据吉登斯对社会互动概念的理解，借鉴国外文献对社会互动维度的划分，本文将社会互动划分为正式互动和非正式互动两个维度，前者指农民之间的互动通过组织和角色载体进行，互动方式具有一定的规范性和程序性，也可以称为有组织互动；后者指农民之间的互动没有组织作为载体，互动方式具有灵活性和随意性，也可以称为非组织互动。

非正式社会互动测量了农民之间的来往程度。本书旨在分析农民的参保选择，而农民的行为决策过程主要在所属村子产生。因此，2010年数据仅测量农民在所属行政村的社会互动。通过询问农民与亲戚、本家族成员、同小组农民、同自然村农民、同行政村农民及村干部6类对象的来往程度进行测量。正式社会互动测量了农民的社团参与状况。2010年调查问卷将社团分为政治性社团、经济科技性社团、文体性社团和宗教性社团四种类型。共青团、妇代会和民兵组织属于政治性社团，与政府有非常密切的关系，承担政府职能，也可以称为官办社团；合作社、科技组织和借贷组织属于经济科技性社团，与政府也有一定的关系，接受政府的支持和指导，也可以称为半官办

---

① 帕特南：《使民主运作起来》，王列、赖海榕译，江西人民出版社2000年版，第195—200页。

社团；体育运动组织和娱乐组织属于文化体育性社团，与政府关系较为疏远，也可以称为民办社团；宗教信仰组织与政府没有关系，属于完全自愿自发性社团。本次问卷调查访问了农民是否参与过共青团、妇女代表大会、民兵组织、合作社、科技组织、借贷组织、体育运动组织、娱乐组织和宗教信仰组织九类社团。具体测量指标及其赋值方式见表6-1。

表6-1　　　　　　社会互动测量指标、答案与赋值

维度	测量指标	测量指标内容	答案与赋值
非正式互动	SI1	与亲戚互动	"经常来往"、"有时来往"、"较少来往"及"很少来往"，分别赋值4—1分
	SI2	与本家族成员互动	
	SI3	与同小组农民互动	
	SI4	与同自然村农民互动	
	SI5	与同行政村农民互动	
	SI6	与村干部互动	
正式互动	SI7	是否参与娱乐组织	"是"、"否"，"是"赋值1分，"否"赋值0分
	SI8	是否参与共青团	
	SI9	是否参与民兵组织	
	SI10	是否参与妇代会	
	SI11	是否参与合作社	
	SI12	是否参与科技组织	
	SI13	是否参与借贷组织	
	SI14	是否参与体育运动组织	
	SI15	是否参与宗教信仰组织	

2. 社会互动的指标质量

社会互动测量指标的信度分析。信度指潜变量测量指标的稳定性，通常采用内部一致性信度进行估计。克朗巴哈信度系数（Cronbach' Alpha）是检验测量指标内部一致性信度的常用方法，一般而

言，克朗巴哈信度系数达到 0.6 以上，可以视为测量工具的信度较好。本书采用 SPSS24.0 对社会互动 15 个指标进行了信度分析。信度分析结果显示，社会互动的克朗巴哈信度系数为 0.67，因此，2010 年数据中社会互动变量测量具有较好的信度。

社会互动测量指标的效度分析。效度是对潜变量测量指标准确性的检测，表面效度是衡量效度的常用方法，定量分析中也通常采用探索性因子分析进行估计。一般而言，因子分析需要进行 KMO 测度和 Bartlett 球体检验，KMO 值大于 0.7 时，Bartlett 球形检验在 0.01 水平上显著，即可视为具有较高的效度。表面效度也成为内容效度或逻辑效度，反映的是测量指标与测量概念之间的合适性和逻辑相符性。评价概念的操作化是否具有表面效度需要明确测量概念的具体内涵，所发展的测量指标是否根据概念的内涵而来。本书中社会互动的概念内涵依据吉登斯对社会互动概念的理解而界定，即为"个体之间多种形式的社会接触，我们的生活是由某种类型的社会互动构成，社会互动指个体相互谋面的正式与非正式情境"，在此内涵之下进一步将社会互动划分为正式互动与非正式互动，具体指标发展与社会互动概念内涵具有逻辑相符性，而且，本书中社会互动指标借鉴了已有研究成果，指标发展有坚实的文献基础。总体而言，社会互动指标测量具有很好的表面效度。采用探索性因子分析对社会互动的 15 个指标进行因子分析，KMO 值为 0.75，Bartlett 球形检验达到了 0.01 水平的显著，说明社会互动指标测量具有较高的效度。

3. 社会资本与社会互动的相关分析

基于 2010 年数据采用皮尔逊系数对社会资本与社会互动进行相关分析，以检验二者的密切关系。表 6-2 显示了社会资本指标及 5 个子指标与社会互动指标的相关分析结果。结果表明，除子指标 4 外，社会资本其他 4 个子指标与社会互动指标均有不同程度的显著性正相关关系。具体来说，子指标 1、子指标 2、子指标 3 和子指标 5 与社会互动指标的皮尔逊相关系数分别为 0.33、0.17、0.19 和 0.22，皆通过了 0.01 水平的显著性检验。

表6-2　社会资本指标及子指标与社会互动指标的相关性分析

	社会互动指标	社会资本指标	子指标1	子指标2	子指标3	子指标4	子指标5
社会互动指标	1						
社会资本指标	0.443**	1					
子指标1	0.329**	0.605**	1				
子指标2	0.172**	0.475**	0.000	1			
子指标3	0.194**	0.419**	0.000	0.000	1		
子指标4	0.024	0.356**	0.000	0.000	0.000	1	
子指标5	0.218**	0.325**	0.000	0.000	0.000	0.000	1

表6-3显示了社会互动指标及4个子指标与社会资本指标的相关分析结果，结果表明社会互动与社会资本呈正相关关系。社会互动指标与社会资本指标具有强相关，皮尔逊系数为0.44，且通过了0.01水平的显著性检验。除子指标3外，社会互动其他3个子指标与社会资本指标均有不同程度的正相关关系。具体来说，子指标1、子指标2和子指标4与社会资本指标的皮尔逊相关系数分别为0.45、0.11和0.18，且都通过了0.01水平的显著性检验。

表6-3　社会互动指标及子指标与社会资本指标的相关性分析

	社会互动指标	子指标1	子指标2	子指标3	子指标4	社会资本指标
社会互动指标	1					
子指标1	0.723**	1				
子指标2	0.411**	0.000	1			
子指标3	0.408**	0.000	0.000	1		
子指标4	0.376**	0.000	0.000	0.000	1	
社会资本指标	0.443**	0.445**	0.106**	0.018	0.182**	1

（三）增加社会互动内生性变量的稳健性检验

基于社会互动与社会资本的强相关性，为避免共线性问题，需要对社会资本指标重新进行因子分析。KMO测度显示KMO值为0.84，Bartlett 球形检验在 0.01 水平上显著,适合进行因子分析。根据特征值大于 1 的原则进行最大方差法旋转,提取了 6 个公因子,一共解释了 59.69% 的方差。因子 1、因子 3、因子 4 和因子 6 反映了社会资本变量,贡献的方差比例分别为 13.41%、9.95%、8.87% 和 7.43%。因子 2、因子 5 反映了社会互动变量,贡献的方差比例分别为 11.44% 和 8.60%,具体见表 6-4。用社会资本的 4 个因子值乘以所贡献的方差比例相加后生成新的社会资本变量,并将社会资本变量转化为取值范围从 1 至 100 的指数。采用同样的方法生成新的社会互动变量,转化为社会互动指数。

表 6-4　　　　　　　　社会资本指标及其因子分析

测量指标	因子 1	2	3	4	5	6	共量
社会互动与亲戚	-0.034	0.158	0.044	0.062	0.660	0.021	0.468
与本家族	-0.055	0.358	0.017	0.075	0.622	-0.030	0.525
与同组村民	0.102	0.787	0.089	0.041	0.159	-0.008	0.664
与同村村民	0.111	0.772	0.095	0.013	0.189	0.034	0.654
与同行政村村民	0.293	0.741	0.110	0.101	0.066	0.029	0.662
与村干部	0.323	0.619	0.057	0.232	0.005	0.074	0.550
社会资本对亲戚	0.355	-0.053	0.174	0.073	0.639	0.129	0.590
对本家族	0.333	0.038	0.164	0.139	0.646	-0.013	0.575
对同组村民	0.782	0.210	0.116	0.068	0.181	0.103	0.716
对同自然村村民	0.816	0.195	0.155	0.035	0.107	0.090	0.749
对同行政村村民	0.834	0.161	0.117	0.088	0.036	0.039	0.747
对村干部	0.641	0.187	0.043	0.326	0.052	0.101	0.567
邻里应互相帮忙	0.067	0.036	0.609	0.041	0.263	0.027	0.449
邻里应互相借东西	0.037	0.139	0.830	0.052	0.051	-0.030	0.715
邻里应互相借钱	0.178	0.141	0.750	0.046	-0.099	0.058	0.630
帮忙不求回报	0.094	0.005	0.630	0.099	0.110	-0.010	0.428
本村生活是否安全感	0.058	0.082	0.102	0.695	0.146	0.194	0.562
是否为本村感到光荣	0.181	0.098	0.058	0.798	0.056	0.000	0.685
本村的风气如何	0.107	0.086	0.088	0.726	0.089	0.268	0.634
农作物是否经常被盗	0.094	-0.019	0.042	0.236	-0.016	0.650	0.489
村民家是否经常被盗	0.063	0.022	-0.038	0.105	-0.006	0.788	0.637
邻里是否经常吵架	0.062	0.060	0.020	0.040	0.071	0.649	0.435
特征值	2.949	2.516	2.189	1.951	1.893	1.634	13.132
平均方差(%)	13.405	11.437	9.952	8.868	8.604	7.427	59.693

因变量"参保选择"是取值为 1 和 0 的虚拟变量，故采用二项变量的 LOGISTIC 回归模型和 LPM 回归模型进行分析。表 5-5 中，模型 1 和模型 2 检验了社会互动对参保选择的影响，模型 3 和模型 4 检验了社会资本对参保选择的影响，模型 5 和模型 6 分析了社会资本的共同影响。

表 6-5 的实证分析结果表明，社会资本对参保选择的影响是独立存在的。模型 1、模型 2 结果发现，不管是 LPM 还是 LOGISTIC 回归模型，社会互动都显著提升了农民参保选择的可能性。模型 1 结果发现，社会互动水平每提高 1%，农民参保选择的概率提升 0.2%。模型 3、模型 4 结果显示，不管是 LPM 还是 LOGISTIC 回归模型，社会资本都显著提升了农民参保选择的可能性。模型 3 结果显示，社会资本水平每提高 1%，农民参保选择的概率提升 0.1%。模型 5 运用 LPM 模型分析结果表明，社会资本变量都通过了 0.1 水平的显著性检验，且回归系数为正。在控制其他因素的前提下，社会互动水平每提高 1%，农民参保可能性提高 0.2%；社会资本水平每提高 1%，农民参保可能性提高 0.1%。模型 6 运用 LOGISTIC 模型分析结果与模型 5 结果一致。在其他因素不变的情况下，社会资本水平的提高都会提升农民参保的可能性。

表 6-5　　　　　　　　社会资本对参保选择的影响

	模型 1	模型 2	模型 3	模型 4	模型 5	模型 6
	LPM	LOGISTIC	LPM	LOGISTIC	LPM	LOGISTIC
社会互动	0.002* (0.001)	0.008* (0.005)			0.002* (0.001)	0.009* (0.005)
社会资本			0.001* (0.001)	0.008* (0.004)	0.001* (0.001)	0.008* (0.004)
年龄	0.004* (0.002)	0.019* (0.011)	0.004* (0.002)	0.020* (0.011)	0.004* (0.002)	0.019* (0.011)
是否已婚	0.219*** (0.061)	0.986*** (0.304)	0.217*** (0.061)	0.973*** (0.304)	0.218*** (0.061)	0.982*** (0.304)
是否党员	0.022 (0.047)	0.122 (0.261)	0.017 (0.047)	0.100 (0.262)	0.015 (0.047)	0.088 (0.262)
是否干部	0.067 (0.060)	0.425 (0.361)	0.066 (0.060)	0.421 (0.361)	0.061 (0.060)	0.397 (0.362)

续表

	模型1	模型2	模型3	模型4	模型5	模型6
	LPM	LOGISTIC	LPM	LOGISTIC	LPM	LOGISTIC
受教育年数	0.001 (0.004)	0.004 (0.021)	0.001 (0.004)	0.005 (0.021)	0.001 (0.004)	0.004 (0.021)
家庭年纯收入	0.005 (0.005)	0.025 (0.026)	0.005 (0.005)	0.024 (0.026)	0.004 (0.005)	0.021 (0.026)
家庭有无老人	0.035 (0.029)	0.186 (0.153)	0.039 (0.029)	0.205 (0.153)	0.036 (0.029)	0.195 (0.153)
家庭子女数	-0.010 (0.017)	-0.048 (0.088)	-0.010 (0.017)	-0.052 (0.089)	-0.010 (0.017)	-0.050 (0.089)
村与县城距离	-0.007 (0.012)	-0.036 (0.065)	-0.005 (0.012)	-0.027 (0.065)	-0.006 (0.012)	-0.031 (0.065)
耀州区	0.097*** (0.032)	0.517*** (0.172)	0.105*** (0.032)	0.567*** (0.174)	0.104*** (0.032)	0.560*** (0.174)
即墨区	0.084** (0.043)	0.460* (0.242)	0.092** (0.043)	0.507* (0.243)	0.089** (0.043)	0.492** (0.243)
常量	0.194* (0.117)	-1.604*** (0.607)	0.233** (0.109)	-1.435*** (0.568)	0.122 (0.124)	-2.013*** (0.649)
R平方/ 伪R平方	0.037	0.051	0.037	0.051	0.040	0.055
N	1290	1291	1290	1291	1290	1291

二 剔除非自愿参保农民样本的稳健性检验

城乡居民养老保险制度在推行过程中实施了家庭捆绑政策和社会动员参保。已有研究指出城乡居民养老保险推行中存在政府动员农民参保的现象。[1] 问卷中设计了一个问题："您是否自己主动自愿缴费的？"答案分为"是"与"否"。统计结果显示，在1185个有效观测值中，有139个农民回答自己不是主动自愿缴费的，占全部参保农民的11.73%。剔除这部分农民，以寻求在自愿参与原则下社会资本对农民参保选择的影响。剔除非主动自愿参保的农民后，参保农民占

---

[1] 钟涨宝、李飞：《动员效力与经济理性：农户参与农居保的行为逻辑研究》，《社会学研究》2012年第3期。

72.8%，未参保农民占27.2%。除使用LOGISTIC回归模型进行估计之外，增加使用LPM模型进行回归，以检验不同估计模型结果的稳健性。

表6-6构建了6个模型，模型1和模型2是基准模型，分别用LPM和LOGISTIC模型分析控制变量对农民参保选择的影响，模型3和模型4增加了社会资本指标，模型5和模型6增加了社会资本5个子指标。模型4和模型6运用LOGISTIC模型分析结果表明，社会资本指标和子指标1都通过了显著性检验，社会资本对农民参保选择具有促进作用。模型3和模型5运用LPM模型的分析结果是一致的。不管是剔除被强制参保农民还是基于LPM模型分析，社会资本对农民参保选择有促进作用的实证结果是稳健的。

表6-6　　　　稳健性检验（剔除非自愿参保农民）

	模型1 LPM	模型2 LOGISTIC	模型3 LPM	模型4 LOGISTIC	模型5 LPM	模型6 LOGISTIC
社会资本指标			0.002*** (0.001)	0.011*** (0.004)		
子指标1					0.003*** (0.001)	0.014*** (0.004)
子指标2					0.001 (0.001)	0.003 (0.004)
子指标3					4.761E−5 (0.001)	0.000 (0.005)
子指标4					0.000 (0.001)	0.002 (0.003)
子指标5					0.000 (0.001)	0.001 (0.004)
控制变量	a	a	a	a	a	a
R平方/伪R平方	0.044	0.059	0.051	0.069	0.055	0.076
N	1346	1347	1261	1262	1261	1262

第二节　社会资本对城乡居民养老保险参保档次影响的稳健性检验

一　增加内生性变量的稳健性检验

（一）社会资本与社会互动的相关性分析

基于2015年数据采用皮尔逊系数对社会资本与社会互动进行相关分析，以检验社会资本与社会互动的密切关系。表6-7显示了社会互动指标及4个子指标与社会资本指标的相关分析结果。结果表明，整体来看，社会互动与社会资本呈正相关关系。社会互动指标与社会资本指标具有正相关关系，皮尔逊系数为0.24，且通过了0.01水平的显著性检验。具体来看，社会互动子指标与社会资本指标的相关具有两面性，社会互动子指标4与社会资本指标呈中等程度正相关，皮尔逊系数为0.57，在0.01水平下显著；社会互动子指标2与社会资本指标呈负相关。子指标1和子指标3与社会资本指标没有显著的相关关系。

表6-7　社会互动指标及子指标与社会资本指标的相关性

	社会互动指标	子指标1	子指标2	子指标3	子指标4	社会资本指标
社会互动指标	1					
子指标1	0.520**	1				
子指标2	0.517**	0	1			
子指标3	0.497**	0	0	1		
子指标4	0.464**	0	0	0	1	
社会资本指标	0.239**	0.046	-0.064*	-0.029	0.567**	1

表6-8显示了社会资本指标及4个子指标与社会互动指标的相关分析结果。结果表明，整体来看，社会互动与社会资本呈正相关关系。具体来看，除了子指标3（特殊信任子指标）外，社会互动指标

与社会资本其他3个子指标都具有显著的正相关关系。子指标3与社会互动指标没有相关关系。

表6-8　　社会互动指标与社会资本指标及子指标的相关性

	社会互动指标	社会资本指标	子指标1	子指标2	子指标3	子指标4
社会互动指标	1					
社会资本指标	0.239**	1				
子指标1	0.216**	0.772**	1			
子指标2	0.105**	0.380**	0	1		
子指标3	0.013	0.380**	0	0	1	
子指标4	0.085**	0.340**	0	0	0	1

（二）增加社会互动内生性变量的稳健性检验

为排除虚假因果关系的可能，把社会资本纳入同一模型中对农民的参保档次选择进行分析尤为重要。将社会互动与社会资本变量纳入"参保档次"回归分析模型。因变量"参保档次"是一个四分类的定序变量，采用有序LOGISTIC回归模型进行分析。表6-9构建了3个模型。模型1反映了社会互动指标对参保档次的影响。模型2反映了社会资本指标对参保档次的影响，模型3是加入社会资本指标的完全模型。模型1实证分析结果发现，社会互动对参保档次有显著的正向影响，社会互动指标通过了0.05水平的显著性检验，且回归系数为正，社会互动水平越高，农民参保档次越高。模型2结果发现，社会资本对参保档次有显著的负向影响，社会资本指标通过了0.01水平的显著性检验，回归系数为负，社会资本水平越高，农民参保档次越低。模型3结果表明，在其他因素不变的前提下，社会资本回归系数的正负方向和显著性不变，社会资本对参保档次的影响是独立存在的。

表6-9　　　　　社会资本对参保档次影响的回归分析

	模型1 B	模型1 SE	模型2 B	模型2 SE	模型3 B	模型3 SE
社会互动指标	0.012**	0.006			0.015**	0.006
社会资本指标			-0.016***	0.006	-0.019***	0.006
性别	0.087	0.198	0.177	0.202	0.162	0.202
年龄	-0.005	0.013	0.225	0.199	0.000	0.013
身体状况	0.352***	0.107	-0.004	0.012	0.398***	0.110
是否已婚	0.841**	0.376	0.404***	0.106	0.861**	0.377
是否党员	-0.206	0.326	0.765**	0.364	-0.120	0.330
是否干部	0.002	0.470	-0.057	0.322	0.003	0.476
受教育年数	0.065***	0.032	-0.032	0.475	0.063***	0.033
家庭年纯收入	-0.034	0.030	-0.038	0.030	-0.048	0.031
家庭流动资产	0.087***	0.021	0.105***	0.020	0.093***	0.021
家庭总抚养比	-0.350**	0.148	-0.383***	0.147	-0.345**	0.148
家庭耕地数量	0.001	0.014	0.008	0.014	0.004	0.015
地区	已控制		已控制		已控制	
阈值						
100元档次=1	5.652***	0.894	4.436***	0.884	5.010***	0.928
200元档次=2	6.468***	0.902	5.292***	0.891	5.831***	0.935
300元档次=3	7.899***	0.923	6.750***	0.912	7.269***	0.955
卡方值	4457.675		5494.820		5447.555	
似然值	1127.481		1162.772		1109.464	
伪R平方	0.184		0.193		0.199	
N	1038		1062		1034	

二　改变分析单位的稳健性检验

上面的实证分析检验了社会资本对农民参保档次的影响具有两面性，且整体呈负向影响。以下从3个方面来检验结果的稳健性，首先是改变参保档次分析单位，其次是剔除非自愿缴费的样本，最后是增加社会互动内生性变量。

表6-10分别使用LOGISTIC和LPM回归模型对社会资本指标及

子指标的影响进行检验。实证结果发现，社会资本对参保档次的影响是稳健的。社会资本指标对家庭参保档次有负向影响。无论是LOGISTIC还是LPM模型，都发现社会资本指标对家庭参保档次存在负向影响。以LPM模型为例，社会资本指标每增加1%，家庭选择低参保档次的可能性提高0.1%。社会资本子指标的分析发现，社会资本的影响具有两面性，合作秩序子指标对参保档次有负影响，社会信任子指标具有正影响。LPM回归模型发现，合作秩序子指标每增加1%，家庭选择低参保档次的可能性提高0.2%；社会信任子指标每增加1%，家庭选择高参保档次的可能性提高0.2%。

表6-10　　　　　　　稳健性检验（改变分析单位）

	模型1	模型2	模型3	模型4
	LPM	LOGISTIC	LPM	LOGISTIC
社会资本指标	-0.001* (0.001)	-0.010* (0.006)		
子指标1			-0.002*** (0.001)	-0.018*** (0.006)
子指标2			0.000 (0.001)	-.003 (0.006)
子指标3			0.000 (0.001)	-0.004 (0.007)
子指标4			0.002*** (0.001)	0.016*** (0.005)
家庭有党员	-0.012 (0.033)	-0.087 (0.241)	-0.011 (0.032)	-0.070 (0.245)
家庭有干部	-0.036 (0.046)	-0.289 (0.359)	-0.041 (0.046)	-0.328 (0.367)
家庭有残疾人	-0.027 (0.038)	-0.288 (0.308)	-0.016 (0.037)	-0.208 (0.311)
家庭人口数量	-0.025*** (0.010)	-0.190** (0.079)	-0.026*** (0.010)	-0.203*** (0.080)
家庭最高学历	0.022** (0.009)	0.177** (0.073)	0.022** (0.009)	0.167** (0.074)
家庭纯收入	-0.003 (0.004)	-0.026 (0.027)	-0.004 (0.004)	-0.028 (0.027)
家庭流动资产	0.019*** (0.003)	0.114*** (0.021)	0.019*** (0.003)	0.113*** (0.021)
家庭耕地数量	0.005*** (0.002)	0.029** (0.014)	0.005** (0.002)	0.026* (0.014)

续表

	模型1	模型2	模型3	模型4
	LPM	LOGISTIC	LPM	LOGISTIC
2代同堂	0.066 (0.073)	0.637 (0.663)	0.069 (0.073)	0.593 (0.664)
3代同堂	0.055 (0.076)	0.586 (0.690)	0.068 (0.076)	0.609 (0.693)
4代同堂	0.136 (0.088)	1.163 (0.763)	0.148* (0.088)	1.169 (0.768)
地区	已控制	已控制	已控制	已控制
R平方/伪R平方	0.116	0.180	0.133	0.202
N	1137	1138	1137	1138

三 剔除非自愿参保农民样本的稳健性检验

剔除非自愿参保的农民样本，分析社会资本指标及子指标对参保档次的影响。因变量"参保档次"是一个四分类的定序变量，采用有序 LOGISTIC 回归模型进行分析。表 6-11 的实证分析结果表明，剔除非自愿缴费样本后，社会资本对参保档次的影响具有两面性，且整体具有负向影响，实证分析结果是稳健的。

表 6-11　　　　稳健性检验（剔除非自愿参保农民）

	模型1		模型2		模型3	
	B	SE	B	SE	B	SE
社会资本指标			-0.015**	0.006		
子指标1					-0.022***	0.006
子指标2					-0.005	0.007
子指标3					-0.009	0.008
子指标4					0.017***	0.005
控制变量	a		a		a	
卡方值	4696.819		5508.493		5941.091	
似然值	1125.093		1098.886		1081.013	
伪R平方	0.165		0.178		0.199	
N	1028		1020		1020	

第三节 社会资本对城乡居民养老保险参保忠诚影响的稳健性检验

一 增加内生性变量的稳健性检验

鉴于社会资本与社会互动之间是一种相关关系,现分别从社会互动或者社会资本视角对参保忠诚进行分析,但不能排除存在虚假因果关系的可能:在社会互动的理论框架下进行分析时,社会互动的显著性作用可能反映的是社会资本的影响;而在社会资本的框架下进行分析时,社会资本的显著性作用可能反映的是社会互动的影响。为排除虚假因果关系的可能,把社会资本与社会互动纳入同一模型中对参保忠诚进行分析尤为重要。因变量"参保忠诚"是虚拟变量,采用LOGISTIC模型分析社会互动指标和社会资本指标的共同影响。

表6-12构建了3个模型。模型1显示了社会互动对参保忠诚的正向影响,社会互动提升了农民参保忠诚的可能性,社会互动水平每增加1%,参保忠诚发生比提高2.4%。模型2反映了社会资本对参保忠诚的正向影响,社会资本提升了农民参保忠诚的发生比,社会资本水平每增加1%,参保忠诚的发生比提升4.1%。模型3是加入社会资本的完全模型。回归分析结果发现,社会资本变量回归系数都通过了0.05水平的显著性检验,二者都提升了农民参保忠诚的可能性。模型3分析结果显示,社会互动水平每增加1%,参保忠诚发生比提高1.5%;社会资本水平每增加1%,参保忠诚的发生比提升3.7%。社会资本对参保忠诚的正向影响是独立存在的。

表6-12　　　　　　社会资本对参保忠诚的影响

	模型1		模型2		模型3	
	B	Exp(B)	B	Exp(B)	B	Exp(B)
社会互动指标	0.024***	1.024			0.015**	1.015
社会资本指标			0.040***	1.041	0.037***	1.037
性别	0.021	1.022	-0.080	0.923	-0.111	0.895

续表

	模型1		模型2		模型3	
	B	Exp(B)	B	Exp(B)	B	Exp(B)
年龄	0.036***	1.036	0.028***	1.028	0.031***	1.032
身体状况	0.314***	1.369	0.261***	1.298	0.251***	1.286
是否已婚	0.045	1.046	0.035	1.036	0.000	1.000
是否党员	0.727*	2.069	0.378	1.460	0.485	1.624
是否干部	0.825	2.281	0.962	2.618	0.839	2.314
受教育年数	-0.019	0.981	0.012	1.012	0.001	1.001
家庭年纯收入	0.049*	1.051	0.079***	1.082	0.073**	1.076
家庭流动资产	-0.031	0.969	-0.017	0.983	-0.028	0.973
家庭总抚养比	-0.046	0.955	-0.061	0.941	-0.069	0.934
家庭耕地数量	0.003	1.003	-0.006	0.994	-0.008	0.992
地区	已控制		已控制		已控制	
卡方值	67.167		103.606		108.485	
似然值	1059.240		1048.746		1016.075	
伪R平方	0.092		0.137		0.146	
N	1108		1135		1104	

二 参保忠诚替代变量的稳健性检验

首先,采用参保态度忠诚替代变量。本书问卷调查中询问了农民对参保态度忠诚方面的问题。根据这些问题构造"参保态度忠诚"变量,并将其转化为1—100分之间的指数。参保态度忠诚构成指标及统计分析结果见第五章第三节。参保态度忠诚因变量为连续性数据变量,采用OLS模型进行分析。

表6-13的回归结果发现,社会资本对参保忠诚的影响是稳健的。模型2显示社会资本指标通过了0.01水平的显著性检验,且回归系数为正,社会资本水平越高,农民参保态度忠诚度越高。模型3显示,社会资本对参保态度忠诚度的影响是通过合作秩序、均衡互惠、特殊信任和社会信任共同实现的,这和表4-10的分析结果一致。社会资本通过合作秩序、均衡互惠、特殊信任和社会信任对参保

忠诚的影响是稳健的。

表6-13 稳健性检验（以参保忠诚度为因变量）

	模型1 B	模型1 SE	模型2 B	模型2 SE	模型3 B	模型3 SE
社会资本指标			0.503***	0.037		
子指标1					0.455***	0.036
子指标2					0.195***	0.038
子指标3					0.206***	0.043
子指标4					0.059*	0.032
性别	1.256	1.180	-0.967	1.116	-0.947	1.113
年龄	0.320***	0.073	0.247***	0.069	0.243***	0.068
身体状况	1.139*	0.651	0.155	0.615	0.211	0.614
是否已婚	0.576	1.965	0.097	1.836	0.012	1.831
是否党员	5.504***	2.203	2.437	2.071	2.588	2.073
是否干部	3.406	3.405	2.937	3.182	3.216	3.171
受教育年数	-0.152	0.183	0.009	0.171	-0.035	0.171
家庭年纯收入	-0.539***	0.171	-0.376**	0.160	-0.374**	0.160
家庭流动资产	0.226	0.156	0.150	0.147	0.151	0.146
家庭总抚养比	2.196***	0.796	1.554**	0.747	1.331*	0.748
家庭耕地数量	0.214**	0.096	0.105	0.091	0.121	0.090
地区	已控制		已控制		已控制	
F值	6.857		19.063		16.855	
R平方	0.073		0.190		0.198	
调整后R平方	0.062		0.180		0.187	
N	1320		1313		1313	

三 剔除非自愿参保样本的稳健性检验

剔除非自愿参保样本进行稳健性检验。剔除非自愿参保样本后获得1160个已参保农民样本。依然采用二项变量的LOGISTIC回归模型对"参保忠诚"进行分析。表6-14的分析结果发现，社会资本对参保忠诚的影响是稳健的。剔除非自愿参保样本后，模型2中社会资本对参保忠诚具有正向推动作用,社会资本水平每增加1%,农民参保忠诚发生比提升3.8%。模型3显示,社会资本通过合作秩序、均衡互惠、特殊信任和社会信任对参保忠诚具有正向影响。

表6-14 稳健性检验(剔除非自愿参保农民)

	模型1		模型2		模型3	
	B	Exp(B)	B	Exp(B)	B	Exp(B)
社会资本指标			0.039***	1.038		
子指标1					0.023***	1.023
子指标2					0.022***	1.022
子指标3					0.028***	1.028
子指标4					0.015***	1.015
控制变量	a		a		a	
卡方值	47.210		97.111		102.431	
似然值	1059.648		1006.130		1000.810	
伪R平方	0.066		0.134		0.141	
N	1101		1093		1093	

第七章　社会资本在农民参保行为中的应用

党的十九大报告提出，加强社会保障制度体系建设，按照兜底线、织密网、建机制的要求，全面建成覆盖全民、城乡统筹、权责清晰、保障适度、可持续的多层次社会保障体系，全面实施全民参保计划。[①] 目前，我国城乡居民养老保险制度采取自愿参与原则，存在一部分农民参保选择不积极、大部分农民参保档次偏低、小部分农民参保忠诚不足的现实问题。在全面实施全民参保计划战略之下，我国政府应该采取各种措施激励农民的参保行为，突破农民有限参与困境，提升农民参保数量和质量。本书从社会资本视角出发对农民参保行为给出了一个新的理论解释，为刺激农民参保行为提供了一个新的政策视角。农民的参保行为不仅仅是理性驱动的经济行为，更是一种嵌入在社会资本中的社会行为。完整的城乡居民养老保险参保政策需要重视社会资本作用的发挥。破解我国城乡居民养老保险有限参与困境，需要考虑社会资本因素的作用。本章从提升农民的养老风险意识和制度认知水平、完善城乡居民养老保险制度激励农民参保行为、运用社会资本推进农民参保行为三个方面提出政策建议。

第一节　提升农民的养老风险意识和制度认知水平

城乡居民养老保险制度在参保选择、参保档次和参保忠诚三个方

[①] 习近平:《决胜全面建成小康社会 夺取新时代中国特色社会主义伟大胜利——在中国共产党第十九次全国代表大会上的报告》，中华人民共和国中央人民政府网。

面存在参保行为激励不足的问题。本节分别从提高农民的缴费能力、强化农民的养老风险意识和提升农民的制度认知水平三个方面对农民的参保行为提出激励措施。

一 提高农民的缴费能力

发展地方经济和利用现行社会政策切实提高农民的缴费能力。尽管经济能力不再是限制农民参保选择的主要原因，但经济能力不足极大地限制了农民选择更高的缴费档次，抑制了其参保忠诚。城乡居民养老保险参保行为存在参保档次偏低和参保忠诚不足的问题，这导致制度养老保障能力不足，进一步影响制度的可持续发展。农民参保热情不足根源于农民的缴费能力不高，普遍的低收入限制了农民的缴费能力，农民更愿意把钱投入到日常生活刚性需求的满足之中。提升农民缴费能力是提高城乡居民养老保险参保数量和质量的必要措施。一方面，地方政府应该利用当地资源发展经济，增加农民收入，提高其参保支付能力。利用当地资源提升农民收入是提高城乡居民养老保险缴费水平和保障水平的重要途径。地方政府应该立足当地资源开发和利用，促进地区经济发展，切实提高农民的收入水平和实际缴费能力。另一方面，地方政府可以利用农村现行的社会政策助力农民参保行为。政府可以推进农村土地流转政策、农业补贴政策、最低生活保障政策和精准扶贫政策协同发展，形成政策合力，助力农民参保行为，利用现行政策提升农民的缴费能力。

二 强化农民的养老风险意识

强化农民养老风险意识，刺激农民的自愿参保意愿。农民的自愿参保意愿不高，进一步限制了农民的参保选择、参保档次与参保忠诚。随着传统的农村家庭养老和土地养老保障能力的弱化，城乡居民养老保险为农村养老方式提供了一个新的选择。但大多数农民仍然把城乡居民养老保险看作一项补充性养老方式，"养儿防老"观念和土地保障观念对农民参保产生抵制作用。大部分农民对传统家庭养老和土地养老方式依赖性强，对人口老龄化、高龄化及城乡人口流动带来的养老风险估计不足，对依靠制度化解养老风险的认识不够。因此，各级政府要加强宣传，提升农民的养老风险意识，形成依靠社会养老保险制度化解养老风险的现代养老观念。强化农民对养老风险的认识，促进农民养老观念的转变，提高农民对制度养老保障的有效需求，刺激农民的参保意愿和参保行为。地方政府要通过广播、电视和宣传车等多种渠道加大对养老风险的宣传，要充分发挥村干部和农村社会关系网络的宣传优势，切实提高农民对养老风险的了解程度。通过养老风险宣传，使农民了解在当前我国农村人口老龄化加剧，年轻劳动力流失和"养儿防老"观念淡化的社会背景下，农村传统的家庭和土地养老保障功能不断弱化，养老风险不断加剧，城乡居民养老保险制度是政府有效应对农村地区养老风险的制度安排，而农民的参保行为是化解养老风险的重要举措。

三 提升农民的制度认知水平

利用正式渠道与非正式渠道提升农民的制度认知水平。农民对城乡居民养老保险制度的了解渠道包括正式渠道和非正式渠道。正式渠道指地方政府组织的政策宣讲；非正式渠道指农民之间通过社会关系实现信息的口头相传。由于制度实施初期的"捆绑缴费"原则和社会动员政策，农民参保更多是出于外部激励和地方政府社会动员的结果，已参保农民对于制度缺乏了解，这造成农民对制度带来的实惠了解不深入，从而影响高档次参保和持续参保。突破有限参与的困境依赖于提升农民对制度的认知水平。基层政府应建立有效的工作机制，利用正式渠道和非正式渠道进行制度宣传，提升农民的制度认知水平。

一方面，地方政府应采取灵活多样的方式加大正式渠道的宣传力度。政府的宣传方式要力求贴近农民生活，做到细致、贴近本土，对农民最为关心的养老金待遇水平、养老金的安全管理、补贴力度、如何缴费和领取养老金等问题进行重点宣传。采用定期下乡的方式系统性地进行对制度具体内容的宣传，进一步提高农民对制度的理解，让农民对城乡居民养老保险有更加充分和全面的认识。在制度宣传过程中，除了通过广播、电视和宣传车等方式开展宣传之外，还可以定期组织座谈会或者专题讲座，向农民普及制度相关知识。另一方面，地方政府应借助民间组织和农民之间的社会网络等非正式渠道，引导农民形成自我组织、主动宣传的局面。社会资本作为信息传播的非正式渠道，具有低成本、通俗易懂的特点，易于农民接受，对于提升农民的政策认知程度也具有重要作用，地方政府在宣传过程中需要加以重视和利用。要注重通过社会关系渠道广泛传递制度目的、参保范围、参保档次、参保程序、参保年数和给付水平等具体信息，提高农民对城乡居民养老保险制度的了解和认知程度。这种非正式渠道宣传除了有效满足农民的信息需求之外，还可以通过共同话题交流提高农民的精神愉悦感，增加参保决策的主观心理效用和参保的从众性，从而激励农民的参保行为。

第二节 完善城乡居民养老保险制度激励农民参保行为

作为一项推行时间不长的新制度，城乡居民养老保险制度可持续发展面临诸多问题，如筹资主体单一、养老保障水平低、基金统筹层次低、个人账户保值增值难、经办服务质量不高等。城乡居民养老保险存在的诸多问题会影响到农民对制度的体验和评价，从而影响参保行为。城乡居民养老保险制度的可持续发展必须依靠合理的制度设计和制度实施，需要从完善资金筹资渠道、推行强制参保原则、加强基金管理、基于参保档次形成梯度补贴机制和优化经办服务五个方面进一步完善城乡居民养老保险制度，从而激励农民的参保行为。

一 完善城乡居民养老保险制度资金筹集机制

合理划分中央和各级地方政府补贴责任，完善城乡居民养老保险制度资金筹集机制。城乡居民养老保险面临财政可持续支出难的问题。中央财政问题不大，但地方财政负担较重，特别是中西部贫困地区和东部农业大省的地方财政存在可持续筹资难的问题。地方财政筹资难的问题还会随制度覆盖面的扩展而逐年增大。在西部大多经济欠发达地区，养老金水平就是国家基础养老金，省市经济水平欠发达，地方政府补助基本缺乏，多数参保农民只能领取基础养老金，降低了养老金水平。在地方政府财力有限的情况下，农民会担心政府财力能否持续投入，从而对制度和参保失去信心，直接影响农民参保的数量和质量，因此，完善城乡居民养老保险制度筹资机制势在必行。首先，完善城乡居民养老保险制度筹资机制应重新划分中央和地方各级政府在筹资比例中的责任，合理划分中央和地方政府的财政责任，确定财政补贴比例，完善筹资机制。其次，中央政府应继续完善基础养老金的动态调整机制，确保城乡居民养老保险基础养老金发放标准与生活成本挂钩，随着物价水平的增长而上浮。然后，中央政府应该承担西部欠发达地区和东部农业大省地方政府的部分财政补贴，合理划分中央和各级地方政府对个人账户的补贴责任，从而完善制度资金筹集机制。最后，应继续加大力度落实地方政府和村集体的补助力度，兑现制度补贴承诺，提升制度补贴水平，增加农民对制度的价值感知，从而激励参保行为。

二 适时改"自愿参保"为"强制参保"原则

弱化城乡居民养老保险制度参保的自愿性，适时全面推行强制参保政策。作为一项社会养老保险制度，城乡居民养老保险在顶层制度设计中规定了农民自愿参保的实施原则，却又在推行过程中实施"家庭捆绑缴费"，制度最终演化为强制性和半强制性的社会养老保险政策。制度实施过程中的强制性背离了制度设计的自愿性，从而降低了农民对制度的内在认同和满意度，抑制了农民的参保行为。强制性是社会保险制度的重要特征，可以有效实现养老风险的分散，从而有助于制度的可持续发展。中央政府应适时变"自愿参保"为"强制参保"，推行城乡居民养老保险的强制性原则，从而在更大人群范围内扩散养老风险。经过前期的制度宣传和推广实施，城乡居民养老保险制度已经达到了较高的参保率，参保老人已经获取养老金。城乡居民养老保险制度有效化解了农村养老风险，缓解了家庭养老压力，改善了家庭代际关系，制度养老保障能力凸显。在城乡居民养老保险制度获得广大农民高度认可的前提下，中央政府应该弱化城乡居民养老保险制度参保的自愿性，适时全面施行强制参保政策和困难人群代缴政策以提升制度的实际覆盖范围，从而实现全民参保和持续参保。

三 加强对城乡居民养老保险基金的管理

加强对城乡居民养老保险制度基金安全监管，确保基金保值增值。农民不仅疑虑地方政府财政支出的可持续性，更疑虑地方政府能否确保基金安全与保值增值。一方面，城乡居民养老保险基金由县级政府管理，对于大部分患有财政饥渴的地方政府来说，确保基金安全是个难题。县级政府集征缴、管理和使用三权于一身，在权力高度集中的情况下，难以避免基金挪用甚至贪污。另一方面，城乡居民养老保险逐年增加的大量缴费对基金的保值增值也带来挑战，存入银行使得基金面临贬值风险。随着参保人数的增加、积累年限的增长，个人账户基金规模越来越大，存款利率计息无法实现保值增值。地方政府应该加强基金安全监管，确保基金保值增值。首先，地方政府应以统筹发展为目标，着力构建可持续、稳定运行的城乡居民养老保险制度基础管理平台，在经费投入、人员编制、办公场所和网络信息化等方面加大建设力度，避免机构建设的地区差异，为管理平台的有效整合提供铺垫。其次，地方政府要实现基金管理的透明化。地方政府要加强个人账户监管，确保基金管理的安全。为确保城乡居民养老保险基金管理的安全性，规避基金挪用，在基金管理内部应该设置专门的监督机构对基金的使用进行监督核查，将使用情况定期公布，接受群众和社会监督，打消农民对基金安全管理的疑虑。最后，地方政府要探索个人账户基金保值增值的多元渠道。纠正将基金存放银行的单一做法，基金投资要选择风险小，收益可观的项目，扩大基金投资渠道，有效分散投资风险，提高基金投资收益，实现个人账户基金保值增值。

四 建立不同参保水平的梯度补贴机制

建立梯度补贴机制，严格实施多缴多得制度原则。城乡居民养老保险制度参保行为普遍存在参保档次低和参保中断的问题，这严重制约了个人账户基金积累速度和规模，进而影响制度养老保障水平，从而削弱制度的可持续发展。虽然制度规定了"长缴多得"和"多缴多得"的原则，但在制度推行过程中执行不严格、不科学，并没有起到激励农民高档次参保和持续参保的作用。首先，地方政府应该严格实施"多缴多补"的制度原则，拉开各档次的补贴和收益水平，建立城乡居民养老保险制度的高档次参保激励机制。地方政府应该根据缴费档次制定合理的补贴水平，建立不同参保水平的梯度补贴机制，切实确保"多缴多得"。其次，地方政府应该增加一定的缴费补贴，按照不同比例对不同缴费年限的参保人进行补贴，缴费年限越高，补贴的比例也随之升高，切实确保"长缴多得"。然后，探索与农民收入能力相关的个人账户积累制，在制度推行成熟之后，实现农民收入能力越强、缴费越多、年限越长，60岁后领取的养老金也越多。最后，采用"入口补"和"出口补"的补贴方式建立和完善特殊困难群体参保的灵活补贴机制，确保特殊困难群体养老金水平不断提升。

五　优化城乡居民养老保险经办服务

强化城乡居民养老保险经办服务平台建设，提升经办服务质量。一方面，地方政府应该推进经办服务平台建设。目前，绝大部分农村地区城乡居民养老保险制度服务平台基础薄弱，管理能力较低，金融服务滞后于农民的需要。地方政府应重点对经济水平低、经办服务能力低、经办服务平台基础设施薄弱的农村地区进行资金、技术和管理支持，构建稳定运行的基础经办服务平台。对于确实无法构建经办服务平台的偏远地区，基层政府可以定期给农民提供入户办理和发放服务，增加农民对经办服务的满意度，提升农民的感知价值和服务可得性，进而激励参保行为。在经办服务平台建设过程中，政府应强化金融服务平台建设，完善金融服务与支持，增进经办服务和养老金领取的可及性。另一方面，地方政府应该确保经办服务人员的服务质量。地方政府需要进一步完善金融服务与金融支持，以高质量的服务赢得农民的满意；进一步提高经办人员的素质，完善缴费参保办理体系，简化城乡居民养老保险经办过程；着力对经办机构的办公环境进行改善，提高服务人员的办事效率；提高经办服务机构信息化程度，让农民足不出户就可以进行在线咨询信息，查询养老金到账情况，办理缴费、转移保险关系等业务；增加柜台服务人员，确保有工作人员及时解答参保农民疑问，消除其疑虑；对经办机构人员进行培训，提高工作人员的专业化水平；实行弹性工资制度与绩效考察相结合，提高工作人员的积极性；增强经办机构工作人员的服务意识，确保提升基金收缴和发放工作的服务质量。

第三节 识别"参保"头羊，发挥"头羊"的参保带头作用

在城乡居民养老保险制度推行过程中，作为社会结构的核心要素，社会互动对农民参保行为有不可忽视的影响。在参保工作推进过程中，除了重视政府执行、动员能力和提高农民经济收入等长期措施之外，政府还需制定针对性措施，利用社会互动来降低制度交易成本，激发农民的参保热情。在农民参保档次普遍低和参保忠诚不足的背景下，政府应转变思路把参保工作的重点放在制定措施利用社会互动的信息获得、交流感受、社会规范和示范机制激励农民的参保行为。

社会资本与公共政策的有效运行具有内在逻辑关联性，社会资本是公共政策运行科学性、有效性和参与性的前提。从本质上而言，城乡居民养老保险是政府为解决农村地区养老问题而提供的公共政策，中央政府和地方政府承担制度的制定和执行，并提供相应的财政补贴，而且担负着城乡居民养老保险基金的安全管理、保值增值和待遇发放工作。作为政策有效推行必备的环境因素，社会资本对制度绩效有很重要的作用。政府应充分重视社会资本的作用，增进社会资本含量是提高城乡居民养老保险制度绩效的必要措施。作为历史积淀的产物，社会资本含量的提高并非易事，但它却是城乡居民养老保险制度有效推行的关键因素。社会资本越充沛，城乡居民养老保险制度就越容易实施，农村的养老问题就越容易解决。农民参保行为不仅取决于各级政府的执行力，还取决于农村社会的关系形态，社会资本通过信任、互惠和合作规范对农民的参保行为产生影响。为发挥社会资本在提升农民参保行为中的作用，政府应该采取措施利用社会资本的信息获取机制、价值感知机制和期望值机制激励农民的参保决策，规避非正式保险机制的负面影响。

一 利用社会资本的信息获取机制，提升制度宣传效果

地方政府应该充分重视和运用社会资本在制度信息传播中的作用，以提高城乡居民养老保险制度信息的宣传效果。社会资本有助于农民从人际传播和制度传播两种渠道获取信息，农民通过获取信息进行成本和收益比较，进而影响参保决策。人际传播渠道是以到场的方式来谈论和倾听，这种渠道具有通俗性高和成本低的特点。社会资本水平高的农民具有人际传播中接收和扩散信息的优势。社会资本通过信任提供了信息分享的意愿和动机，使得农民更愿意给其他农民有用的信息，更积极地倾听其他农民的信息，更及时地回应其他农民的信息需求。制度传播渠道主要靠报刊、广播和电视等媒体传递信息。社会资本水平高的农民通过政府主导的制度传播渠道获取信息更积极。地方政府可以激励民间组织召集社区协管员或经办服务人员进行城乡居民养老保险制度培训，着重宣传参保档次和参保忠诚对制度养老保障能力提升的重要性，确保每个村子都有全面、权威、准确的信息来源。信息传播者必然会通过社会资本信息渠道实现"一传十、十传百"的宣传效果。

二 激励民间组织参与宣传，提高农民制度知晓度

地方政府应该注重运用社会资本提升城乡居民养老保险制度宣传效果。城乡居民养老保险参保数量和质量的提升在很大程度上依赖于农民的制度知晓度。农民通过社会资本和政府宣传两种渠道获取城乡居民养老保险制度知识和信息。鉴于政府宣传的非持续性和文本性，大多数农民会通过社会资本渠道获取信息，农民更倾向于信任从社会资本渠道获取的信息。农民的社会资本体现在各类农村民间组织中，如农村的庙会组织、秧歌队、经济合作社、农林会、科技组织和老年协会等。这些农村民间组织缔造了组织成员之间基于交换资源的需要而产生的持续互动，提供了农民获得、交流城乡居民养老保险制度知识和信息的组织平台。各行业民间组织具有一定的权威性和专业性，也具有组织宣传活动的经验和能力。地方政府可以出台相关文件，激励民间组织在制度宣传中的作用，引导民间组织利用自身优势，通过

行业交流会、专题讲座等各种形式扩大制度宣传效果。民间组织宣传活动可以增加农民相互之间信息交换的广度、深度和效率，提升农民制度知晓度。

三 借力文艺演出，提升农民参保话题心理效用水平

地方政府应该利用社会资本提升农民参保话题的心理愉悦感。激励文娱组织通过文艺演出形式，提升农民参保共同话题交流获得的精神愉悦感，从而提升农民参保行为的主观心理效用水平。地方政府应出台相关文件，激励农村文娱组织将城乡居民养老保险制度内容编制为各种文艺作品，通过文艺演出激发农民共同话题交流的愉悦感，提升心理效用水平。鼓励文娱组织将文本性强的城乡居民养老保险制度编制为地方戏或地方快板等农民喜闻乐见、通俗易懂的文艺作品，通过搭台唱戏和快板演绎等多种文艺演出形式传播城乡居民养老保险制度内容信息。鼓励文娱组织开展城乡居民养老保险制度知识竞赛，通过知识竞赛调动农民的参与热情，提升农民对城乡居民养老保险制度知识和信息的了解与交流。文艺演出和知识竞赛既可以增进农民对制度的了解，也提供了农民交流共同话题的机会。地方政府应利用交流共同话题带来的愉悦感提升农民参保的心理效用水平，增加农民对参保的满意度，从而提升参保档次与参保忠诚。

四 识别参保"头羊"，发挥"头羊"的参保带头作用

地方政府应该识别农村参保"头羊"，重点提升"头羊"的参保质量，发挥"头羊"的参保带头作用。通常情况下，农民是理性不足的，信息缺失导致农民独立决策能力低下。在信息跟从和社会规范调节下，农民的参保行为实质上是一种羊群行为。在破解农民有限参与的难题中，地方政府应有侧重点，把参保工作主要放在参保"头羊"的识别和引领作用上来。农村村干部、教师、医生和个体户等农村能人属于农村精英群体，他们的参保行为对其他农民具有很强的暗示和带动作用，是参保中的"头羊"。大多数农民通过观察"头羊"获取信息，模仿"头羊"的行为，保持与"头羊"相似的参保行为。因此，在推进参保工作的过程中，地方政府应把社会动员的重点人群

放在农村"头羊"群体之上，采取相应措施激发农村村干部、教师、医生和个体户等农村"头羊"的参保选择、参保档次和参保忠诚。地方政府应该鼓励农村参保"头羊"通过群众大会、村务广播、板报等各种渠道现身说法，将其对城乡居民养老保险的主观评价、参保体验、参保选择、参保档次和持续参保行为宣传给其他农民，重点传播高档次参保和持续参保对提升养老保障水平的必要性。在参保"头羊"的拉动下，其他农民会保持较为一致的参保行为，激发全民高档次参保和持续参保热情，普遍提升参保质量。

五 鼓励领保老人现身说教，强化受益群体正面示范作用

地方政府应该鼓励受益老人现身说教，强化受益老年群体的正面示范作用。60岁已领取养老金的农民是制度受益群体，他们对城乡居民养老保险制度的正面评价通过社会互动对潜在参保农民有很大的推动和示范作用。地方政府应该选择他们当中能言善道的老人现身说教，重点讲述养老金的用途和花销，强调城乡居民养老保险制度养老金对于缓解家庭养老压力，改善家庭代际关系，提升家庭地位，刺激家庭消费，提高生活幸福感有重要作用。通过电视、报纸、广播等大众传播渠道鼓励已经领保老人现身说教，宣传城乡居民养老保险制度的养老保障能力及其社会效益，提升潜在参保农民对制度的价值感知，进而有助于农民对制度的认同。通过大众媒体树立已经领保老人家庭生活幸福形象，选取典型案例进行追踪报道，凸显城乡居民养老保险制度对老年幸福生活的支持作用。鼓励民间组织把大众媒体树立的典型案例通过社会互动渠道向其他农民广泛传播，凸显受益群体对其他农民的正面示范效应，使农民达成"参保受益、参保幸福"的广泛共识，在农村形成"参保一生、幸福一生"的社会风气。

六 树立制度良好口碑，提升农民对制度的价值感知

完善城乡居民养老保险制度，建立制度良好口碑，进而提升农民的价值感知。城乡居民养老保险存在地方政府补贴难、安全管理难、保值增值难等诸多问题，造成了农民对未来养老收益的不确定性感知，这些问题会不会阻碍制度的有效运行在很大程度上依赖于地区社会资本。作为一种道德资源，社会资本能够简化复杂的交易关系，有效排除城乡居民养老保险不确定因素对农民的影响，降低农民因害怕被欺骗而不与政府合作的损失。社会资本增加了农民对政府和制度的信心，降低了制度交易成本，使得农民在面对不确定性风险时，倾向于判断地方政府会兑现制度的承诺。在老年人参保积极，中年人犹豫不决，青年人热情不足的情况下，地方政府应该切实落实个人账户的配套经费，加强个人账户基金的安全监管，通过有效渠道实现基金的保值增值，提高经办服务能力，确保养老金及时足额发放，树立城乡居民养老保险的良好口碑。在地方财政能力有限的情况下，地方政府应制定相应措施提高财政补贴的可持续性，向农民承诺地方政府的决心，及时制定应对财力不足的办法。在制度运行过程中增加信息的透明度，让农民参与到基金管理和发放的监督工作中来，通过有效的监督机制强化对基金使用和发放的监管，对农民的缴费情况和待遇领取资格进行公示，提高制度运行的透明度。在养老金发放过程中，确保养老金发放的及时足额，对高质量参保农民获取养老金数额进行公示和宣传，强化高质量参保更多待遇的示范效应。

七 建立示范社区，实现参保数量和参保质量的跨社区发展

地方政府应建立参保示范区，探索示范区建设、验收评估和经验推广机制。选择社会资本含量高的农村地区作为参保示范区，实现示范区全民参保。农民的参保行为取决于社会资本所具有的合作达成效应。社会资本能够加深农民和地方政府之间的互相了解，提高农民政治参与的技能和热情。在社会资本匮乏的农村地区，城乡居民养老保险制度推行是一种由地方政府自上而下的单向运行模式，农民多被动接受，缺乏主动参与，合作意识不强。在社会资本丰富的农村地区，制度推行是一种由政府部门、民间组织和农民三方共同参与的多向运行模式，有效强化了农民的主体意识和地方政府的责任意识，增强了农民在政策执行中的参与感和责任感，促进了农民和地方政府在政策执行中的合作。地方政府应该选择社会资本含量高的农村地区建设参保示范区，基于信任、互惠和合作规范标准选择农村参保示范区，在社会资本含量高的示范区，城乡居民养老保险制度会得到更好的宣

传，农民对制度的价值感知更高，农民的参与热情更高。地方政府在示范区利用社会资本道德资源提升城乡居民养老保险制度实施绩效，实现全民高质量参保。地方政府在参保工作中应有策略，重视社区整体状况对个体参保行为的影响作用，把参保工作难题的突破口放在城乡居民养老保险"四高"农村地区，即参保数量、质量高，社会资本水平高，村委会动员水平高，政府政策执行绩效高，在调查评估的基础上选择"四高"农村地区建立参保工作示范区。在"四高"农村地区，社会资本通过扩大的社会网络效应，在村子更大范围内实现信息分享和交流感受，对农民参保行为产生更大的激励作用。地方政府要在参保示范区推进参保工作常态化，形成参保工作推动办法，全面提升参保数量和质量。确立全民高质量参保的工作目标，通过政策激励村委会和农村能人参与到参保工作中来，准确、全面地宣传城乡居民养老保险惠民政策的内容，突出宣传高档次参保和持续参保对制度养老保障能力的提升作用，促进全民高水平参保。地方政府应该注重对参保示范区的参保工作的验收和经验推广，建立示范区验收评估和经验推广机制。基于参保工作绩效目标发展示范区参保工作评价标准，组织第三方依据评价标准对示范区参保工作绩效进行验收评估。基于对参保示范区的验收评估，总结示范区参保工作实践经验，并组织参保工作经验交流会，促进本县区其他农村学习经验，以先进带动落后，最终实现参保数量和参保质量跨农村社区发展的局面。

八 强化多支柱养老保障，淡化社会资本的非正式保险机制

社区互助养老是社会资本的重要体现，社会资本提供了一种非正式的互助养老机制，对农民选择依靠城乡居民养老保险制度养老具有一定的挤出效应。更重要的是，社会资本互助养老机制有效地缓解了农村地区的养老风险，是城乡居民养老保险制度养老保障的有益补充形式，是农村地区养老保障体系的重要组成部分。地方政府应该引导农民强化对社区互助养老非正式养老机制与正式养老保险制度互补关系的认识。社会资本非正式养老机制与城乡居民养老保险的正式养老保险机制共同分担了农村地区日益严重的养老风险，有效提升了农村地区的养老保障水平。政府应通过多种渠道宣传社会资本非正式养老

机制是养老保障的非制度性支柱,而城乡居民养老保险是养老保障重要的制度性支柱,农民的参保行为是构筑多支柱养老保障体系的必由选择。政府应出台政策利用农村社会资本促进社区互助养老的发展,发挥社区互助养老对城乡居民养老保险制度的补充作用,从而完善农村社会养老保障体系。

第八章　结论与展望

第一节　基本结论

社会资本对农民参保行为的影响极其重要，这种影响类似于社会学和人类学所强调的制约性影响，在社会结构及其特征的制约下，农民参保行为选择空间微乎其微。本书从社会资本视角出发对农民参保行为给出了一个新的理论解释，为激励农民参保行为提供了一个新的政策视角。本书的研究有以下基本结论：

一　社会资本和参保行为的概念内涵具有多维性

社会资本是诸如信任、互惠和合作之类的能够实现某种目的的观念性资源，包括信任、互惠和合作规范三个维度，特殊信任和社会信任反映了农民的信任规范，均衡互惠和非均衡互惠共同反映了互惠规范，地缘归属和地缘秩序反映了农民的合作规范。参保行为是参保决策中的行为决策环节，是一个动态的决策过程，是参保人完成保险需求识别、信息搜寻、保险评估和参保后评估等阶段后的行为选择，包括参保选择、参保档次和参保忠诚三个维度，体现了参保数量和质量的统一。

二　社会资本呈现差序格局的分布特征

农民的社会资本呈现差序格局的形态。农民最重视与亲戚和本家族成员的特殊关系，对这种关系有更密切的交往，赋予了更多的信任、互惠与合作，而与其他农民的关系处于次要地位。社会资本通常是具有同质性、封闭性的共同体中的成员在长期交往中产生的，这种密切的社会互动能够产生严厉的制裁来惩罚投机行为,因而可以培育出社会资本。在我国农村社会,社会资本表现出明显的结构性特征,血缘关系是农民的核心关系,这种关系的泛化和扩展才是农民对地缘关系的互动、信任、互惠和合作。农民的社会资本形态如同费孝通对我国农村社会关系的观察,农民的社会交往是以己为中心外推而形成的一个个同心圆,圆半径的长短代表着关系的亲疏,此谓差序格局。

三 社会资本对农民参保行为具有重要影响

作为我国农村社会的核心特征,社会资本对农民的参保行为有非常重要的影响。农民的参保行为嵌入在社会资本之中,参保行为是农民通过社会资本达成相对共识后的共同决策,而非农民孤立的理性决策,是农民受到社会资本非正式规范制约之下的群体决策,社会资本对农民参保行为具有羊群效应、驱动效应、挤入效应和挤出效应。

四 社会资本对农民参保行为的影响具有两面性

社会资本对农民参保行为的影响具有两面性。社会资本的信息获取、规范调节、价值感知和期望值机制对农民的参保行为具有推动作用,与此同时,社会资本非正式保险机制对农民的参保行为具有负面影响,实证研究中体现为社会资本对农民参保档次有负效应。

五 社会资本对农民参保行为的影响机制具有多重性

社会资本的信息获取机制有效满足了农民的需求,规范调节机制使得农民做出和周围人群一致的行为选择,价值感知机制增强了农民对城乡居民养老保险的养老保障能力的感知,期望值机制提高了农民对领取养老金可能性的预期,非正式保险机制则对农民的参保行为具有挤出效应。

六 运用社会资本激励农民参保行为具有可行性

作为正式制度有效推行的环境因素,社会资本对城乡居民养老保险制度的实施有重要影响。在全面实施全民参保计划战略之下,政府应该采取各种措施突破城乡居民养老保险农民有限参与困境,提升农民参保数量和质量。农民的参保行为不仅是理性驱动的经济行为,也是一种嵌入在社会资本中的社会行为。破解我国城乡居民养老保险有限参与困境,需要考虑社会资本因素的作用。政府需制定针对性措施利用社会资本来降低制度交易成本,运用社会资本的信息获取、规范调节、价值感知和期望值机制实现全民高质量参保。

第二节　进一步的讨论

国内外学者研究了社会资本对金融参与行为的影响,形成了解释金融参与行为的社会资本范式。社会资本范式主张社会资本通过信任、互惠和合作规范能够降低交易成本,提高金融投资者对投资产品未来收益的期望值和数额,提高金融合同的签约率。

社会资本研究范式以 Guiso 等为代表。学者从理论上解释了信任、互惠和合作规范对金融参与的作用机制。金融交易中有违约的风险,金融契约无法有效列举所有的不确定性,且金融契约的有效执行取决于外部法律环境。金融契约自身的缺陷和对法律环境的依赖决定了信任的重要性,信任可以弥补金融契约和外部法律环境效力不足的缺陷。Guiso 等基于意大利的数据检验了社会资本对金融参与的作用。研究发现,意大利金融发展水平有地区差异,社会资本含量高的地区,家户更积极参与金融投资,在低教育人群和法律薄弱地区中尤其如此。[①] 在面对金融合同不确定性风险时,投资者会对签约方遵守合同情况进行判断,此时社会资本尤其重要,它降低了不确定性带来的交易成本。[②] 社会资本虽然不能替代金融契约和法律,但能够提高投资者对金融交易的期望,降低因惧怕损失而不合作的可能性。Guiso 等基于荷兰和意大利的数据检验了信任对股市参与的正效应。研究发现信任水平低的居民不参与股市,即便参与也是低度参与。在控制风险厌恶等变量的条件下,信任水平每增加一个单位,居民投资股票的

---

① Guiso, L., Sapienza, P. and Zingalea, L., "The Role of Social Capital in Financial Development", *American Economic Rewiew*, 2004, 94 (3), pp. 526 – 556.

② Bossone, B., "The Role of Trust in Financial Sector Development", *Policy Research Working Paper* No. 2200, the World Bank, 1999, pp. 1 – 34.

概率提高50%,股票持有额增加3.4%。① 基于我国商业保险购买的研究发现,社会资本提高了居民对商业保险未来收益的期望值和收益的数额,从而对城镇居民购买商业保险具有促进作用。②

已有研究从理论上分析了社会资本对金融参与行为的影响机制,但受数据所限,实证研究对社会资本概念的操作化较为简单,没有考虑到社会资本是一个多维度的概念,也没有检验社会资本的影响机制,实证研究滞后于理论研究。本书基于对我国城乡居民养老保险制度的两次调查数据,通过信任、互惠和合作规范三个维度对社会资本概念进行了多维度测量,通过构造社会资本作用机制相关变量,实证分析了社会资本对农民参保行为的作用机制,弥补了实证研究滞后理论研究的不足。本书实证研究结果发现,社会资本对农民参保行为具有推动作用,社会资本通过信息获取、规范调节、价值感知和期望值机制推动了农民的参保行为,而非正式保险机制则对农民的参保行为具有挤出效应。

作为农村社会保障体系的重要组成部分,城乡居民养老保险制度吸引了诸多学者的研究关注。由于以"自愿参加"为原则,农民的参保行为对于制度养老保障能力的发挥和可持续发展具有重要作用,这使得农民的参保行为成为学界研究的热点。农民的参保行为是基于制度认知和理性选择的结果,农民会根据自身经济状况和制度收益情况进行判断和决策。同时,在影响参保行为的诸多因素中,经济因素并非主要原因,③ 农民参保行为更多受到社会动员、从众心理、邻里效应等因素的约束。④ 作为一项外生的普惠性制度,城乡居民养老保险嵌入于农村社会环境之中,与传统家庭养老方式相互影响,农民的

---

① Guiso, L., Sapienza, P. and Zingalea, L., "Trusting the Stock Market", *The Journal of Finance*, 2008, 63 (6), pp. 2557-2600.
② 何兴强、李涛:《社会资本和商业保险购买》,《金融研究》2009年第2期。
③ 穆怀中、闫琳琳:《新型农村养老保险参保决策影响因素研究》,《人口研究》2012年第1期;李伟、姜东升:《影响农村社会养老保险参保决策的主要因素研究——基于陕西省农村的调查与分析》,《统计与信息论坛》2015年第8期。
④ 谭静、江涛:《农村社会养老保险心理因素实证研究——以南充市230户低收入农户为例》,《人口与经济》2007年第2期;姚俊:《理性选择、外部激励与新农保连续参保——基于四省的调查》,《中国人口科学》2015年第4期。

参保行为受到制度环境、基层政治和文化传统等因素的制约。[①] 已有研究缺乏对参保行为做出全面分析，较多关注了参保选择和参保档次，相对忽略了对参保忠诚的研究，更缺乏从社会结构及其特征因素出发实证研究农民参保行为。本书从社会资本视角出发，将参保选择、参保档次和参保忠诚统一于参保行为概念框架之下，重新厘清了参保行为概念内涵，拓宽了参保行为概念外延，对参保行为给出了一个全新的分析视角，从而弥补了已有研究的不足。

第三节　不足与展望

一　不足

测量指标不足。本书基于 2010 年和 2015 年两个时间点的纵贯调查数据实证分析了社会资本对农民参保行为的作用机制，社会资本和参保行为的测量是定量分析的关键。受调查年份所限，2009 年下半年才开始试点推行城乡居民养老保险工作，因此，2010 年数据无法测量参保忠诚，而这一点在 2015 年数据中得到了补充；2010 年数据中社会资本概念信任维度的测量只关注了特殊信任，忽略了社会信任，2015 年数据补充了对社会信任的测量。参保行为变量测量指标的变化反映了概念维度的时间阶段性特征，社会资本变量指标的不完全一致则反映了概念界定和测量指标的逐步完善。

模型拟合度不高。本书基于 2010 年和 2015 年两个时间点的纵贯调查数据实证分析社会资本对农民参保行为的影响。两次问卷设计过程中，控制变量主要考虑了农民个体和家庭层面的某些客观特征，社区特征和农民个体主观特征没有很好测量，这导致参保选择、参保档次和参保忠诚各种回归模型的拟合度普遍不高。

内生性问题处理不够。一方面，社会资本和参保行为可能存在反向因果关系，即不是社会资本影响了农民的参保行为，而是参保行为影响了社会资本，这需要引入工具变量解决反向因果关系。另一方

[①] 聂建亮、钟涨宝：《新农保养老保障能力的可持续研究——基于农民参保缴费档次选择的视角》，《公共管理学报》2014 年第 3 期。

面，模型分析中遗漏与社会资本和参保行为相关的变量，如农民个体性格变量，既与社会资本相关，也影响农民参保行为，这也导致了内生性问题。尽管实证分析部分进行了模型的稳定性检验，但2010年和2015年的调查数据都没有能很好地处理内生性问题。

理论与实证分析深度不够。本书理论与实证分析仅涉及社会资本对参保行为的作用机制与影响效应，没有深入分析不同时间、空间和群体水平下，社会资本对参保行为影响的变化。具体来说，随着城乡居民养老保险制度实施时间推移、地域经济发展水平变换和农民群体学历、财富特征变化，社会资本对参保行为影响效应随之发生变化，这种理论意涵及实证检验在本书中都没有深入分析。

二 展望

理论分析的深化。作为社会特征的重要变量，社会资本对农民参保行为影响的理论研究尚没有引起学界的足够重视。农民的参保行为如何嵌入在社会资本之中，社会资本对参保行为的作用机制和影响效应需要进一步的理论分析，如社会资本的价值感知机制、期望值机制有待进一步的理论分析。不同时间、空间和群体水平下，社会资本对参保行为影响的变化也需要深入的理论分析。

研究问题的细化。社会资本对农民参保行为的影响因农民的学历和收入而不同，因地域和时间的变化而不同，学历、收入、地域和时间等变量是社会资本影响参保行为的调节变量，在不同的学历、收入、地域和时间水平下，社会资本对参保行为的影响效应具有差异性，引入调节变量进一步研究社会资本对参保行为的影响是下一步研究的重点。

研究内容的扩展。随着城乡居民养老保险参保率的提升，政府工作和学界研究应该从重视吸引农民参保选择向提高农民参保档次和维持农民持续参保方向发展，从重视增加农民参保数量向提高农民参保质量方向转变。在关于城乡居民养老保险参保行为研究中，参保忠诚的研究还没有引起理论界和政府的足够重视，农民尤其是中青年农民参保忠诚是城乡居民养老保险养老保障能力提升的基础，参保忠诚与参保选择、参保档次的关系如何，农民参保忠诚如何嵌入社会特征之中，这都需要进一步的研究。

研究方法的完善。社会资本和参保行为可能存在反向因果关系，既可能是社会资本导致了参保行为的变化，也可能是参保行为导致了社会资本的变化；同时，社会资本和参保行为可能共同受到第三变量的影响，如农民的性格变量，性格既会影响社会资本，也会影响参保行为，在后期研究中，需要设计合适的工具变量来检验因果模型的稳健性。

附录1 2010年调查问卷

新型农村社会养老保险制度参与行为调查问卷

尊敬的答卷人：

您好！我是×××，现进行关于新型农村社会养老保险参与状况的调查，目的是了解当前农村居民的参保情况。本次调查的对象仅限16岁到59岁之间，具有农村户口的农村居民（不包括在校学生），不管是否参与了新农保，都可以成为我们的调查对象。调查不用写名字，所得的资料完全用于学术研究，对于您的支持和合作，我表示衷心感谢！

填写说明
1. 本问卷绝大部分是单选题，即只有一个答案，多选题会在题目后注明。
2. 请在符合您情况的选项的序号上打"√"，不要遗漏。
3. 有些题是填空题，请在该题的横线处填写您的情况。

一 本人及家庭情况
1. 您的性别：　　①男　　　　②女
2. 您的年龄：_____岁（填写）
3. 您的身体状况：　①好　　　　②一般　　　③差
4. 您的政治面貌：　①中共党员　②群众　　　③共青团员
　　　　　　　　　④其他
5. 您是否村组干部：①是　　②否
6. 您的婚姻状况：　①未婚　　②已婚　　③丧偶　　④其他

7. 您一共上了_____年学（填空，没上学填"0"）

8. 去年，您的家庭纯收入（总收入减去总支出）为_____元

①5000以下　　②5000—10000　　③10001—15000
④15001—20000　⑤20001—25000　⑥25001—30000
⑦30001—35000　⑧35001—40000　⑨40001—50000
⑩50000以上

9. 您现在一共有_____个儿子、_____个女儿（没有子女请填"0"）

10. 您家现在一共有_____个60岁以上的老人（没有请填"0"）

11. 您家有_____亩地（填空）

12. 您村距离县城_____公里（填空）

二　制度与缴费

1. 您对现在实施的新型农村养老保险政策的了解情况如何？（在相应的位置打"√"）

指标	非常清楚	比较清楚	不太清楚	很不清楚	说不清
政府推行这一政策的目的是什么？					
参加新农保的缴费档次有哪些？					
缴费时政府一年补助多少？					
缴纳的保费是否可以退还？					
个人账户利息如何确定？					
个人账户资金都包括哪些部分？					
领取养老金的标准如何计算？					
领取养老金需要具备哪些条件？					
领取标准高低取决于哪些条件？					
自己需要交多少年才可以领取？					

2. 您是通过什么渠道了解新农保的？（本项可多选）

①当地政府组织人进村宣传　　②电视宣传
③协管员入户宣传　　　　　　④村群众大会
⑤亲友告知　　　　　　　　　⑥自己主动咨询别人
⑦参加政府组织的培训　　　　⑧邻居交流
⑨村里广播　　　　　　　　　⑩村里黑板报

3. 您是否有下列情况？（在相应的位置打"√"）

指标	是	否
自己参加过村里组织的宣传大会		
自己参加过专门的政策培训会议		
自己通过电视等媒体获取政策信息		
自己主动向别人咨询过新农保政策		
自己向别人讲解过新农保政策的情况		
自己劝说家人或者别人参与新农保		

4. 您是否已经加入新农保：①是（只回答箭头所指问题）　②否（只回答箭头所指问题）

*您为什么参加新农保：_____（本项可多选）
①政策有实惠　②政府强制让缴费　③为了能让家里老人领到养老金　④想靠这个以后养老　⑤费用不高，无所谓　⑥看大家都参与了　⑦其他
*您加入新农保时，一年缴费金额共_____元
*您是否自己主动自愿缴费的：
①是　②否
*村集体给您缴费补助_____元（没有补助填"0"）
*地方政府（省、市、县三级）给您缴费补助_____元
*您是否有坚持长时间缴费的想法
①是　②否　③看情况

*您没有参加新农保的原因有哪些？（本项可多选）
①不知道这个政策　②交不起费用　③养老待遇太少　④证件不齐　⑤靠家庭养老就行　⑥不相信能兑现　⑦不公平　⑧不知道怎么参与　⑨错过了时间　⑩家里人不让参与
*您明年是否有参与新农保的意愿：①是　②否　③看情况

5. 请您回答下列情况（在对应位置打"√"）

指标	非常相信	比较相信	不太相信	很不相信	说不清
新农保政策会稳定推行					
中央政府财政补贴会持续支持					
地方政府财政补贴会持续支持					
管理部门会确保养老金不挪用					
个人账户养老金不会贬值					
养老金待遇会按时按量兑现					
养老金待遇水平以后会提高					
干部和群众缴费受益标准一致					
政策运行不会产生不公平现象					

6. 请对下面情况回答（在对应位置打"√"）

指标	是	否	说不清
您是否满意中央政府的补贴水平？			
您是否满意地方政府的补贴水平？			
您是否满意新农保的服务管理？			
您是否满意养老待遇的水平？			
您是否认为这个政策可以解决您的养老问题？			

三　社会关系情况

1. 您的交往情况（在相应空格中打"√"）

指标	经常来往	有时来往	较少来往	很少来往
与亲戚				
与本家族成员				
与同小组村民				
与同村村民				
与同行政村村民				
与村干部				

2. 您的信任情况（在相应空格中打"√"）

指标	非常信任	比较信任	有点信任	不信任
对亲戚				
对本家族成员				
对同姓村民				
对同小组村民				
对同自然村村民				
对同行政村村民				
对村干部				

3. 互惠情况

Ⅰ. 过去一年您是否与亲友之间有过义务帮工？①是　　　②否

Ⅱ. 您是否赞同下列情况？

指标	非常赞同	比较赞同	有点赞同	不赞同
邻里之间应该互相帮忙干活				
邻里之间应该互相借用农具				
邻里之间应该互相借钱				
邻里之间帮忙应该不求回报				

4. 村庄情况

Ⅰ. 邻村的姑娘是否愿意嫁到本村？
　　①很愿意　　②较愿意　　③一般　　④较不愿意
　　⑤很不愿意

Ⅱ. 你认为在本村生活有安全秩序感吗？
　　①很有安全秩序感　　②较有安全秩序感
　　③较少安全秩序感　　④没有安全秩序感

Ⅲ. 你会经常因为你是这个村的村民而感到光荣吗？
　　①经常　　②有时　　③很少　　④从不

Ⅳ. 与周围村相比，本村的社会风气好不好？
　　①很好　　②较好　　③一般　　④较差　　⑤很差

Ⅴ. 你村是否经常发生果园或农作物被盗的事？

①经常 ②有时 ③很少 ④没有
Ⅵ. 你村是否经常有村民家里的东西被盗？
①是 ②否
Ⅶ. 邻居之间是否经常吵架？
①是 ②否
5. 您是否参与过下面的组织？

指标	是	否
共青团		
妇女代表大会		
民兵组织		
娱乐组织（如合唱队）		
合作社		
科技组织（如果农协会）		
民间借贷组织		
体育运动组织		
宗教信仰组织（如耶稣教）		

附录2　2015年调查问卷

社会资本与新农保参保行为问卷调查

先生/女士/同志：您好！

　　我叫×××，是2013年国家社会科学基金青年项目的社会调查员。我们正在进行一项社会调查，目的是了解您的社会交往和新农保参保情况，以及对其他商业保险的参与情况。经过严格的科学抽样，我们选中了您作为调查对象。您的合作对我们了解有关信息和制定社会政策，有十分重要的意义。

　　问卷中问题的回答，没有对错之分，您只要根据平时的想法和做法回答就行。对于您的回答，我们将按照《统计法》的规定，严格保密，并且只用于学术分析，请您不要有任何顾虑。希望您协助我们完成这次访问，谢谢您的合作。

A 部分：基本情况

A1. 被访者的情况。（填写数字或者单选）

[A101] 性别：1）男　　2）女

[A102] 民族：1）汉族　　2）少数民族

[A103] 年龄：＿＿＿＿＿＿

[A104] 婚姻状况：1）未婚　　2）已婚　　3）其他

[A105] 去年一年以来，您的身体状况：
　　　　1）很差　2）较差　3）一般　4）较好　5）很好

[A106] 您一共上过几年学？＿＿＿＿＿＿

［A107］过去一年有没有进城务工的经历：1）有　2）没有

［A108］您的学历：

　　　　1）没上过学　2）小学　3）初中　4）高中或中专

　　　　5）大专　6）大学本科及以上

［A109］是否中共党员：1）是　2）否

［A110］是否村干部：1）是　2）否

A2. 被访者的家庭情况。（填写数字或者单选）

［A201］您家的类型：

　　　　1）夫妻两人家庭　2）2代同堂　3）3代同堂

　　　　4）4代同堂　5）5代同堂

［A202］现在您家一共有几口人？_____

［A203］60岁及以上老人几个？_____

［A204］未成年人有几个？_____

［A205］劳动力有几个？_____

［A206］您家是否有残疾人？1）是　2）否

［A207］现在您家有几亩地？_____

［A208］从您出生以来，您家是否一直生活在本村：1）是

　　　　2）否

［A209］在本村居住年数：

　　　　1）不到10年　2）10—20年　3）21—30年

　　　　4）31—40年　5）过50年

［A210］您家是否有中共党员：1）是　2）否

［A211］您家是否有村干部：1）是　2）否

［A212］您家最高的学历：

　　　　1）小学及以下　2）初中　3）高中或中专　4）大专

　　　　5）大本及以上

［A213］您家是否有户籍在城市的人口：1）是　2）否

［A214］您家是否有常年在外务工人员：1）是　2）否

［A215］您认为您家的生活水平在本地大体属于哪个层次？

　　　　1）上层　2）中上层　3）中层　4）中下层

　　　　5）下层

A3. 您全家的收入和消费情况。（填写数字或者单选）

［A301］ 2014年全年家庭纯收入总和_____万元（填写数字）

［A302］ 去年家庭的全部经济收入，让生活质量怎么样？

　　　　1）十分宽裕　2）比较宽裕　3）些许宽裕

　　　　4）略微艰难　5）比较艰难　6）非常艰难

［A303］ 2014年底家庭流动资产总额（存款、借出款、投资等）_____万元

［A304］ 您家春节期间的生活消费支出总额大约是_____元（填写数字）

［A305］ 其中用于食品支出的消费支出总额是_____元（填写数字）

［A306］ 其中用于人情往来的支出费用是_____元（填写数字）

B部分：社会交往

B4. 今年春节期间，以各种方式（不含手机短信）互相拜年、交往的亲属、朋友和相识大概有多少人/户？（填写数字）

　　［B401］亲属_____人/户

　　［B402］好朋友/亲密朋友_____人

　　［B403］其他_____人

B5. 在这些人中，请估计一下农村人的比例：

　　　　1）几乎全部　2）大部分　3）一半左右

　　　　4）小部分　　5）几乎没有

B6. 他们里面有没有在下列工作单位类型工作的？（有填"1"，无填"0"）

　　____［B601］党政机关　　　　____［B602］国有企业

　　____［B603］国有事业　　　　____［B604］集体企业

　　____［B605］个体经营　　　　____［B606］私营企业

　　____［B607］外资/合资企业　 ____［B608］股份制企业

B7. 他们中有没有从事下列这些职业的人？（有填"1"，没有填"0"）

职业类别	有	没有	职业类别	有	没有
产业工人 [B701]			科学研究人员 [B710]		
大学教师 [B702]			法律工作人员 [B711]		
中小学教师 [B703]			经济业务人员 [B712]		
医生 [B704]			行政办事人员 [B713]		
护士 [B705]			工程技术人员 [B714]		
厨师 [B706]			政府机关负责人 [B715]		
饭店服务员 [B707]			党群组织负责人 [B716]		
营销人员 [B708]			企事业单位负责人 [B717]		
无业人员 [B709]			家庭保姆、计时工 [B718]		

B8. 您经常参与如下活动吗？（在表格合适的空格中打"√"）

	从未	很少	较少	一般	较经常	经常
[B801] 同乡、同学、战友聚会						
[B802] 专业合作社						
[B803] 宗教聚会						
[B804] 妇代会等基层管理组织						
[B805] 兴趣群体的活动						
[B806] 志愿者活动						

B9. 您对下面的人的信任程度怎样？（在表格合适的空格中打"√"）

	根本不信任	不太信任	一般	比较信任	完全信任
[B901] 您的家人					
[B902] 邻居					
[B903] 村里人					
[B904] 村委会干部					
[B905] 外地人					
[B906] 政府					
[B907] 警察					
[B908] 医生					
[B909] 法官					
[B910] 陌生人					
[B911] 社会大多数人					

B10. 关于本村，您是否赞同以下情况？（在表格合适的空格中打"√"）

	非常赞同	比较赞同	一般	不太赞同	很不赞同
[B1001] 本村跟我经常来往的朋友很多					
[B1002] 本村大部分人相互来往很多					
[B1003] 我经常到邻居家里串门					
[B1004] 本村所有人见面都打招呼					
[B1005] 我能请邻居来帮忙建房等事情					
[B1006] 我能从邻居那里借到小额钱					
[B1007] 我能从邻居那借到需要的工具					
[B1008] 我愿意帮助不认识的人					
[B1009] 如果其他地方有灾我愿意捐款					
[B1010] 村里人相互很团结					
[B1011] 自己是村里的重要一分子					
[B1012] 本村邻里之间关系和睦					
[B1013] 本村治安秩序很好					
[B1014] 很喜欢村里的人					
[B1015] 如果不得不搬离本村会很不舍					
[B1016] 对本村有自豪感和荣誉感					

B11. 村里平时和你有交往的亲属、朋友、邻居和相识的人大概有多少人/户？（填数字）

[B1101] 亲属____人/户　[B1102] 好朋友/亲密朋友____人

[B1103] 邻居____人/户　[B1104] 其他相识____人

C 部分：新农保参保行为及主观评价

C12. 您对新农保是否了解？（在表格合适的空格中打"√"）

	非常清楚	比较清楚	一般	不太清楚	完全不清楚
[C1201] 参保对象范围					
[C1202] 新农保的缴费档次					
[C1203] 政府补助额度					
[C1204] 养老金待遇构成					
[C1205] 养老金领取条件					

C13. 您对新农保的满意度如何？（在表格合适的空格中打"√"）

	非常满意	比较满意	一般	不太满意	很不满意
[C1301] 个人缴费金额					
[C1302] 集体补贴水平					
[C1303] 政府补贴水平					
[C1304] 经办服务态度					
[C1305] 经办服务能力					
[C1306] 基金管理					
[C1307] 领取条件					
[C1308] 待遇水平					
[C1309] 捆绑机制					

C14. 关于新农保，您是否赞同以下情况？（在表格合适的空格中打"√"）

	很赞同	比较赞同	一般	不太赞同	很不赞同
[C1401] 待遇比我预期的更好					
[C1402] 经办服务比我预期的更好					
[C1403] 养老保障能力比我预期的更好					
[C1404] 对解决我的养老问题很重要					
[C1405] 可以提高我的老年生活质量					
[C1406] 是我以后养老的重要依靠					
[C1407] 政府会持续对新农保进行补贴					
[C1408] 政府会确保高质量的管理					
[C1409] 政府会确保高质量的经办服务					
[C1410] 我会继续缴费参保，不会间断					
[C1411] 持续参保是我非常正确的选择					
[C1412] 我会劝说周围人缴费参保					
[C1413] 周围人参保选择会影响到我的决定					
[C1414] 我会与周围人参保选择保持一致					
[C1415] 周围人参保收益情况影响我的选择					

C15. 您是通过什么渠道了解新农保的？_____（本项可多选）

①政府宣传 ［C1501］　②电视宣传 ［C1502］

③亲友告知 ［C1503］　④邻居告知 ［C1504］

⑤他人告知 ［C1505］　⑥村干部宣传 ［C1506］

⑦村广播宣传 ［C1507］　⑧村板报 ［C1508］

C16. 新农保参保过程中，您是否有过下列情况？（在表格合适的空格中打"√"）

	经常	有时	偶尔	从不
[C1601] 向周围人询问过新农保的信息				
[C1602] 参加过政府组织的一些宣传活动				
[C1603] 给周围人传递过新农保的信息				
[C1604] 周围人的参保收益情况影响了我的选择				

C17. 做出参保行为决策时，您会不会依赖周围人提供的信息？〔C1701〕

①肯定会　②可能会　③一般　④可能不会　⑤肯定不会

C18. 做出参保行为决策时，您觉得和周围人交流看法或感受重要吗？〔C1801〕

①很重要　②重要　③一般　④不太重要　⑤很不重要

C19. 您家里是否至少有一个人缴费参保？〔C1901〕

①是（回答所指）　　②否（回答所指）

〔C1902〕您家是从哪年参保的？_____

〔C1903〕到目前为止，您家缴费参保几年了？_____

〔C1904〕从政策推行至今，您家是否间断过缴费：①是 ②否

〔C1905〕今年，您家里应缴费参保（60岁及以上不缴费即可参保）的有几人？_____

〔C1906〕今年，实际一共有几人缴费参保？_____

〔C1907〕几人没有缴费参保？_____

〔C1908〕今年，您家里不需缴费也可以参保（60岁及以上）的有几人？_____

〔C1909〕今年，您家缴费参保时，一共交了多少元？_____

〔C1910〕今年，您家人均缴费（以应缴费参保人数为基数）多少元？_____

〔C1911〕您家是否自愿缴费：①是　　②否

〔C1912〕无论以后经济条件如何，您家是否都会续保：①是 ②看情况 ③否

〔C1913〕今年，您自己是否参保？①是　②否

［C1914］如果是，您参保交了多少元？＿＿＿＿＿＿

［C1915］如果没有参保，您家没有参保的原因是：＿＿＿＿＿＿（本项可多选）

①不知道这个政策［C1912］　　②没有富余钱［C1913］

③待遇太少［C1914］　　　　　④怕贬值，不划算［C1915］

⑤怕政策变［C1916］　　　　　⑥不知道怎么参［C1917］

⑦错过了时间［C1918］　　　　⑧其他［C1919］

［C1916］您家以后是否有参保的意愿：①是　②看情况　③否

D 部分：其他商业保险购买情况

D20. 您是否购买了其他类型的保险？

［D2001］商业养老保险：①是（回答 D2002）　②否（回答 D2004）

［D2002］您购买商业养老保险时，交了＿＿＿＿＿＿元；

［D2003］您今后是否会继续购买该保险：①是　②否

［D2004］您以后是否会购买商业养老保险：①是　②否

［D2005］商业医疗保险：①是（回答 D2006）　②否（回答 D2008）

［D2006］您购买商业医疗保险时，交了＿＿＿＿＿＿元；

［D2007］您今后是否会继续购买该保险：①是　②否

［D2008］您以后是否会购买商业医疗保险：①是　②否

［D2009］农业保险：①是（回答 D2010）　②否（回答 D2012）

［D2010］您购买农业保险时，交了＿＿＿＿＿＿元；

［D2011］您今后是否会继续购买该保险：①是　②否

［D2012］您以后是否会购买农业保险：①是　②否

参考文献

中文著作类：

阿尔温·托夫勒：《第三次浪潮》，新华出版社1997年版。

艾伦·斯温杰伍德：《社会学思想简史》，社会科学文献出版社1988年版。

彼得·什托姆普卡：《信任：一种社会学理论》，中华书局2005年版。

丹尼尔·贝尔：《后工业社会的来临》，新华出版社1997年版。

凡勃仑：《有闲阶级论》，蔡受百译，商务印书馆2009年版。

弗朗西斯·福山：《信任——社会道德与繁荣的创造》，远方出版社1998年版。

黄光国：《中国人的权力游戏》，巨流图书公司1987年版。

吉登斯：《社会学》，北京大学出版社2009年版。

加里·贝克尔：《歧视经济学》，商务印书馆2014年版。

加里·贝克尔：《口味的经济学分析》，首都经济贸易大学出版社2000年版。

李惠斌、杨雪冬主编：《社会资本与社会发展》，社会科学文献出版社2000年版。

刘少杰主编：《西方经济社会学史》，中国人民大学出版社2013年版。

罗格·布莱克韦尔等：《消费者行为学》，机械工业出版社2009年版。

马斯洛：《动机与人格》，华夏出版社1987年版。

玛格丽特·波洛玛：《当代社会学理论》，华夏出版社1989年版。
帕萨·达斯古普特、伊斯梅尔·撒拉格尔丁编：《社会资本：一个多角度的观点》，中国人民大学出版社2005年版。
帕特南：《使民主运作起来》，江西人民出版社2000年版。
皮埃尔·布迪厄、康华德：《实践与反思——反思社会学导论》，中央文献出版社1998年版。
乔治斯·迪翁：《保险经济学前沿问题研究》，中国金融出版社2007年版。
乔治斯·迪翁、斯科特·E. 哈林顿：《保险经济学》，中国人民大学出版社2005年版。
特纳：《社会学理论的结构》（下），华夏出版社2001年版。
田丰：《中国当代家庭生命周期研究》，博士学位论文，中国社会科学院，2011年。
杨缨：《信任视角下社会资本的界定、测度和验证》，经济科学出版社2014年版。
詹姆斯·科尔曼：《社会理论的基础》，社会科学文献出版社1999年版。
张洪涛：《保险经济学》，中国人民大学出版社2006年版。
郑杭生：《社会学概论新修》，中国人民大学出版社2013年版。
周长城：《经济社会学》，中国人民大学出版社2003年版。
周红云主编：《社会资本与民主》，社会科学文献出版社2011年版。
朱国宏、桂勇：《经济社会学导论》，复旦大学出版社2015年版。

英文著作类：

Becker, G. S. and Murphy, K. M., *Social Economics: Market Behavior in a Social Environment*, Boston: Harvard University Press, 2000.

Burt, R., *Structural Holes, The Social Structure of Competition*, Boston: Harvard University Press, 1992.

Coleman, J. S., *Foundation of Social Theory*, Cambridge: Belknap of Harvard University Press, 1990.

Duesenberry, J. S., *Income, Saving, and the Theory of Consumer Behavior*,

Boston: Harvard University Press, 1949.

Kahaneman, D. and Tversky, A., *Choices, Values, and Frames*, London: Cambridge University Press, 2000.

Lazarsfeld, P. F., Berelson, B. and Gaudet, H., *The People's Choice*, Columbia University Press, 1948.

Nan, L., *Social Capital: A Theory of Social Structure and Action*, London: Cambridge University Press, 2001.

Neumann, J. L. V. and Morgenstern, O. V., *Theory of Games and Economic Behavior*, Princeton: Princeton University Press, 1944.

Norris, P., *Democratic Phoenix*, London: Cambridge University Press, 2002.

Olson, M., *The Rise and Decline of Nations: Economic Growth, Stagflation and Social Rigidities*, New Haven: Yale University Press, 1982.

Ostrom, E. and Ahn, T. K., *Foundations of Social Capital*, Edward Elgar Publishing Limited, 2003.

Polanyi, K., *Trade and Market in the Early Empires*, Glencoe: Free Press, 1957.

Putnam, R. D., *Making Democracy Work*, Princeton: Princeton University Press, 1993.

Scott, J. C., *The Moral Economy of the Peasant: Rebellion and Subsistence in Southeast Asia*, New Haven: Yale University Press, 1977.

中文论文类：

埃莉诺·奥斯特罗姆：《社会资本：流行的狂热抑或基本的概念》，龙虎译，《经济社会体制比较（双月刊）》2003年第2期。

边燕杰：《找回强关系：中间的间接关系、网络桥梁和求职》，《国外社会科学》1998年第2期。

常芳等：《新农保实施现状及参保行为影响因素——基于5省101村调查数据的分析》，《管理世界》2014年第3期。

陈浩天：《农户个体差异与国家惠农政策嵌入的相关性研究——以20省"新农保"政策的执行效果为表达对象》，《农村经济》2014年第3期。

陈华帅、曾毅：《"新农保"使谁受益：老人还是子女》，《经济研究》2013年第8期。

陈硕：《民间金融发展中的社会资本作用机制及其效应研究》，《云南财经大学学报》2014年第6期。

程杰：《农户养老保险参保水平选择的影响因素研究——对成都市农户的抽样调查分析》，《西部论坛》2014年第3期。

程令国、张晔、刘志彪：《"新农保"对农村居民养老质量的影响研究》，《经济学（季刊）》2016年第2期。

崔红志、李越：《"新农保"参保决策制约因素分析》，《调研世界》2014年第2期。

崔巍：《我国区域金融发展的差异性研究——基于社会资本的视角》，《经济学动态》2013年第3期。

邓大松、李玉娇：《制度信任、政策认知与新农保个人账户缴费档次选择困境——基于Ordered Probit模型的估计》，《农村经济》2014年第8期。

邓大松、刘国磊：《新型农村社会养老保险参保行为影响因素分析》，《统计与决策》2013年第7期。

邓大松、仙蜜花：《新的城乡居民养老保险制度实施面临的问题及对策》，《经济纵横》2015年第9期。

邓大松、薛惠元：《新型农村社会养老保险制度推行中的难点分析——兼析个人、集体和政府的筹资能力》，《经济体制改革》2010年第1期。

丁煜：《新型农村社会养老保险制度的缺陷与完善》，《厦门大学学报》2011年第3期。

董丽、陈燕平：《风险偏好与新农保缴费档次选择》，《统计与信息论坛》2016年第5期。

樊丽明、石绍宾、解垩：《新农村建设中农村公共品供给的动态特征及问题探讨——基于山东省3市16镇实地考察的研究》，《财贸经济》2008年第8期。

范永茂：《新型农村养老保险财政管理问题研究——以某省会城市四个县区的改革试点为例》，《中山大学学报》（社会科学版）2011

年第 4 期。

封铁英、董璇：《劳动力缺失背景下新型农村养老保险需求及其影响因素研究》，《西北人口》2010 年第 6 期。

封铁英、高鑫：《农户流转土地参加新型农村社会养老保险意愿实证研究——基于政策协同的视角》，《中国土地科学》2014 年第 4 期。

高鹏等：《宣传内容问题对新农保最低档次缴费困境的影响分析——基于河北省涿州市东城坊镇的调查》，《农村经济与科技》2014 年第 6 期。

高文书：《新型农村社会养老保险参保影响因素分析——对成都市的实地调查研究》，《华中师范大学学报》（人文社会科学版）2012 年第 4 期。

耿永志：《新型农村社会养老保险试点跟踪调查——来自河北省 18 个县（市）的农户》，《财经问题研究》2011 年第 5 期。

宫照、周新发、石安其琛：《影响新型农村社会养老保险续保意愿因素的实证研究》，《保险职业学院学报》2014 年第 5 期。

顾文静：《新型农村养老保险制度参保激励因素分析——基于广东省佛山市的调查》，《人口与经济》2012 年第 1 期。

郭士祺、梁平汉：《社会互动、信息渠道与家庭股市参与》，《经济研究》2014 年第 1 期。

郭文英：《期望效用理论的发展》，《首都经济贸易大学学报》2005 年第 5 期。

郝金磊、贾金荣：《西部地区农民新农保参与意愿研究》，《西北人口》2011 年第 2 期。

何兴强、李涛：《社会资本和商业保险购买》，《金融研究》2009 年第 2 期。

贺书霞：《农民社会养老意愿和缴费能力分析——基于陕西省关中地区的调查》，《西北人口》2012 年第 2 期。

侯志阳：《政府信任与新型农村养老保险中的农户参保行为研究》，《东南学术》2015 年第 2 期。

胡芳肖、张美丽、李蒙娜：《新型农村社会养老保险制度满意度影响因素实证》，《公共管理学报》2014 年第 4 期。

胡慧源、王京安：《保险经济学的发展阶段及趋势》，《南京工业大学学报》（社会科学版）2010 年第 3 期。

黄宏伟、展进涛：《收入水平、成员结构与农户新农保参加行为——基于全国 30 省（区、市）4748 户农户数据的实证分析》，《中国农村经济》2012 年第 12 期。

黄丽、刘红梅：《新农保主动参保意愿的影响因素分析——基于广东 7 县市 728 户农村家庭的调查》，《调研世界》2015 年第 6 期。

黄丽、罗锋、刘红梅：《城乡居民养老保险政府补贴问题研究——基于广东省的实证研究》，《人口与经济》2014 年第 3 期。

黄瑞芹：《农户社会养老保险的需求行为与潜在需求差异分析》，《世界经济文汇》2013 年第 6 期。

黄瑞芹：《贫困地区新型农村社会养老保险可持续发展研究——基于两个贫困民族自治县的调查》，《社会保障研究》2013 年第 1 期。

黄阳涛、李放、吕伟：《农民参加新农保影响因素的实证研究——基于对江苏省部分试点县的调查》，《新金融》2011 年第 6 期。

贾鹤等：《参照群体对消费决策影响研究评述》，《外国经济与管理》2008 年第 6 期。

贾宁、袁建华：《基于精算模型的"新农保"个人账户替代率研究》，《中国人口科学》2010 年第 3 期。

贾晓华、徐世江：《新型农村社会养老保险可持续性的经济学分析》，《生产力研究》2012 年第 7 期。

姜大伟、林岚涛：《村干部绩效对新农保参保率的影响探析——基于贵州省湄潭县的调查》，《社会保障研究》2013 年第 1 期。

蒋中一、金成武：《参保人为何集中选择缴费档次中的最低档——以马鞍山市当涂县为例》，《中国乡村发现》2010 年第 4 期。

金刚、柳清瑞：《新农保补贴激励、政策认知与个人账户缴费档次选择——基于东北三省数据的有序 Probit 模型估计》，《人口与发展》2012 年第 4 期。

李冬妍：《新农保制度：现状评析与政策建议》，《南京大学学报》（哲学·人文科学·社会科学）2011 年第 1 期。

李涛：《社会互动、信任与股市参与》，《经济研究》2006 年第 1 期。

李涛：《社会互动与投资选择》，《经济研究》2006年第8期。

李伟、姜东升：《影响农村社会养老保险参保决策的主要因素研究——基于陕西省农村的调查与分析》，《统计与信息论坛》2015年第8期。

李雅君等：《风险态度对中国家庭投资分散化的影响研究》，《财贸经济》2015年第7期。

李越、崔红志：《"新农保"参保决策制约因素分析》，《中国农业大学学报》2014年第2期。

林本喜、王永礼：《农民参与新农保意愿和行为差异的影响因素研究——以福建省为例》，《财贸经济》2012年第7期。

林义：《破解新农保制度运行五大难》，《中国社会保障》2009年第9期。

刘向红：《影响新型农村社会养老保险可持续发展的若干制约因素》，《农业经济》2011年第8期。

卢燕平：《社会资本与金融发展的实证研究》，《统计研究》2005年第8期。

鲁欢：《新农保最低缴费档次"受宠"原因及对策分析——基于对辽宁省阜新市彰武县400户农户调查的研究》，《社会保障研究》2012年第2期。

陆卫平：《析中国传统文化对国内居民保险消费观念的影响》，《上海保险》2006年第8期。

吕学静、李佳：《流动人口养老保险参与意愿及其影响因素的实证研究——基于"有限理性"学说》，《人口学刊》2012年第4期。

栾大鹏、王建：《期望效用理论的发展历程及最新动态》，《天府新论》2012年第5期。

罗汉群：《河南省城乡居民养老保险缴费档次选择研究——以开封市尉氏县为例》，《社会保障研究》2014年第1期。

罗薇、董西明：《农民新农保参保选择的影响因素分析——基于山东省的调查数据》，《山东社会科学》2014年第7期。

马光荣、杨恩艳：《社会网络、非正规金融与创业》，《经济研究》2011年第3期。

穆怀中、柳清瑞、沈毅：《新型农村养老保险的财务负担水平分析》，《社会保障研究》2011年第4期。

穆怀中、闫琳琳：《新型农村养老保险参保决策影响因素研究》，《人口研究》2012年第1期。

聂建亮、钟涨宝：《新农保养老保障能力的可持续研究——基于农民参保缴费档次选择的视角》，《公共管理学报》2014年第1卷第3期。

皮天雷：《社会资本、法治水平对金融发展的影响分析》，《财经科学》2010年第1期。

戚晓明、周应恒：《我国新农保个人缴费水平的评估及其影响因素研究——基于山西省的调查》，《价格理论与实践》2013年第12期。

任智：《我国居民当前保险消费非理性行为解析》，《消费经济》2011年第4期。

阮荣平、郑风田、刘力：《宗教信仰对农村社会养老保险参与行为的影响分析》，《中国农村观察》2015年第1期。

邵培清、黄佳嘉：《浅谈福州市居民保参保缴费选择最低档次的原因及对策分析》，《就业与保障》2014年第10期。

宋涛等：《社会互动、信任与农民购买商业养老保险的意愿》，《华中科技大学学报》（社会科学版）2012年第1期。

孙祁祥、孙立明：《保险经济学研究综述》，《经济研究》2002年第5期。

孙雅娜、王成鑫、王玥：《新型农村养老保险制度给付水平的适度性分析》，《人口与经济》2011年第6期。

谭静、江涛：《农村社会养老保险心理因素实证研究——以南充市230户低收入农户为例》，《人口与经济》2007年第2期。

托马斯·福特·布朗：《社会资本理论综述》，木子西译，《马克思主义与现实》2000年第2期。

王翠琴、薛惠元：《新型农村社会养老保险与相关制度衔接问题初探》，《经济体制改革》2011年第4期。

王国辉、陈洋、魏红梅：《新农保最低档缴费困境研究——基于辽宁省彰武县新农保的调查》，《经济经纬》2013年第2期。

王良健、刘敏：《新农保农户参保缴费意愿及其影响因素研究》，《西北人口》2015年第2期。

王敏刚、易继芬：《欠发达地区新型农村社会养老保险需求分析——以陕西省佳县为例》，《人口与经济》2012年第2期。

王倩、郭文倩：《子女结构对农民新农保缴费档次选择的影响因素分析——基于陕西省十地市的实证研究》，《中国劳动》2016年第20期。

王首元、孔淑红：《新行为经济学理论：对期望效用理论和前景理论的一个延伸》，《西安交通大学学报》（社会科学版）2012年第4期。

王媛：《"新农保"参保影响因素分析——基于农户调查的Logit回归模型》，《农村经济》2011年第7期。

王志刚、周永刚、朱艺云：《"养儿防老"与"新农保"：替代还是互补——基于福建省厦门、漳州和龙岩三市的问卷调查》，《中国经济问题》2013年第6期。

邬家锋：《预期理论视域中的新型农村养老保险》，《求实》2011年第1期。

吴占权等：《论保险消费心理及其经营对策》，《金融教学与研究》2006年第1期。

肖应钊等：《农村居民参加新型农村社会养老保险意愿影响因素的实证分析——以山东省试点为例》，《社会保障研究》2011年第5期。

谢冰、黄瑞芹：《民族地区新农保参保者缴费水平问题研究——基于湖南、贵州部分民族地区的调查》，《中南民族大学学报》（人文社会科学版）2013年第6期。

谢敏、于永达：《保险消费心理及其影响因素》，《金融理论与实践》2003年第4期。

徐淑芳：《社会资本与金融发展》，《改革与战略》2008年第8期。

薛惠元、王翠琴：《"新农保"财政补助政策地区公平性研究——基于2008年数据的实证分析》，《农村经济》2010年第7期。

阳程文：《"城乡保"基础养老金水平与地方经济发展相关性分析——基于对12座省会城市的实证研究》，《新视野》2014年第5期。

姚俊:《理性选择、外部激励与新农保连续参保——基于四省的调查》,《中国人口科学》2015年第4期。

姚俊:《农民工参加不同社会养老保险意愿及其影响因素研究——基于江苏五地的调查》,《中国人口科学》2010年第1期。

雍岚、孙博、张冬敏:《西部地区从业农民工社会养老保险需求的影响因素分析——基于西安市农民工的调查》,《西北人口》2007年第6期。

余桔云:《江西省新农保有效缴费水平的测算》,《经济问题探索》2011年第1期。

张朝华:《农户参加新农保的意愿及其影响因素——基于广东珠海斗门、茂名茂南的调查》,《农业技术经济》2010年第6期。

张俊生、曾亚敏:《社会资本与区域金融发展——基于中国省际数据的实证研究》,《财经研究》2005年第4期。

张明锁、孙端:《适度提高养老保险农民缴费档次的可行性分析》,《河南社会科学》2016年第4期。

张鸣鸣:《新型农村社会养老保险的服务提供能力及农民意愿研究——基于四省六县的实证研究》,《农村经济》2013年第6期。

张述林:《试论投保人行为的复合决策过程》,《重庆社会科学》1996年第5期。

张思锋、胡晗、唐敏:《"新农保"的制度自信与制度发展》,《西安交通大学学报》(社会科学版)2016年第5期。

张维迎、柯荣柱:《信任及其解释:来自中国跨省的数据调查分析》,《经济研究》2002年第10期。

赵延东:《社会网络在灾害治理中的作用——基于汶川地震灾区调查的研究》,《中国软科学》2011年第4期。

赵延东:《社会资本理论的新进展》,《国外社会科学》2003年第3期。

郑功成:《中国新型社保制度建设的重要里程碑——论城乡居民养老保险制度的建立与发展》,《中国社会保障》2016年第3期。

钟涨宝、聂建亮:《新农保制度的可持续性探讨——基于农民参保行为选择的视角》,《中国农村观察》2013年第6期。

周道许:《保险理论研究:主要成就及发展方向》,《金融研究》2006

年第 11 期。

周铭山、孙磊、刘玉珍：《社会互动、相对财富关注及股市参与》，《金融研究》2011 年第 2 期。

朱光伟、杜在超、张林：《关系、股市参与和股市回报》，《经济研究》2014 年第 11 期。

英文论文类：

Adler, P. S., "Social Capital: Prospects for a New Concept", *The Academy of Management Review*, 2002, 27 (1).

Akerlof, G. A., "A Theory of Social Custom, of Which Unemployment May Be One Consequence", *Quarterly Journal of Economics*, 1978, 94 (4).

Akerlof, G. A., "Social Distance and Social Decisions", *Journal of the Economtric Society*, 1997, 65 (5).

Anderson, D. R., "The National Flood Insurance Program-Problems and Potentials", *Journal of Risk and Insurance*, 1974, 41 (4).

Anscombe, F. J. and Aumann, R. J., "A Definition of Subjective Probability", *Annals of Mathematical Statistics*, 1963, 34 (1).

Arnott, R. and Stiglitz J., "The Welfare Economics of Moral Hazard, in Risk Information and Insurance Economics: Essays in the Memory of Karl Borch, Louberge (Ed.)", *Kluwer Academic Publishers*, 1992.

Arrow, K. J., "Optimal insurance and generalized deductibles", *Scandinavian Actuarial Journal*, 1974 (1).

Arrow, K. J., "Uncertainty and the welfare economics of medical care", *American Economic Review*, 1963, 53 (5).

Banerjee, A. V., "A Simple Model of Herd Behavior", *The Quarterly Journal of Economics*, 1992, 107 (3).

Beck, T. and Webb, I., "Economic, demographic, and institutional determinants of life insurance consumption across countries", *The World Bank Economic Review*, 2003, 17 (1).

Becker, G. S., "A Note on Restaurant Pricing and Other Examples of Social Influences on Price", *Journal of Political Economy*, 1991, 99 (5).

Becker, G. S., "A Theory of Social Interactions", *Journal of Political Economy*, 1974, 82 (6).

Beiseitov, E., Kubik, J. D. and Moran, J. R., "Social Interaction and Health Insurance Choices of the Elderly: Evidence from the Health and Retirement Study", *Syracuse University Working Paper*, 2004.

Bernheim, B. D., "A Theory of Conformity", *Journal of Political Economy*, 1994, 102 (5).

Bian, Y., "Bringing Strong Ties Back in: Indirect Ties, Network Bridges, and Job Searches in China", *American Sociological Review*, 1997, 62 (3).

Bikhchandani, S., Hirshleifer, D. and Welch, I., "Learning from the Behavior of Others: Conformity, Fads, and Informational Cascades", *The Journal of Economic Perspectives*, 1998, 12 (3).

Bisin, A. and Verdier, T., "Cultural Transmission", in *The New Palgrave Dictionary of Economics*, 2008.

Bisin, A. and Verdier, T., "The Economics of Cultural Transmission and the Dynamics of Preferences", *Journal of Economic Theory*, 2001, 97 (2).

Bowles, S., "Endogenous Preferences: The Cultural Consequences of Markets and Other Economic Institutions", *Journal of Economic Literature*, 1998, 36 (1).

Boyer, M. and Dionne, G., "More on Insurance, Protection and Risk", *Canadian Journal of Economics*, 1988, 22 (1).

Brown, J. R., Zoran, I., Smith, P. A. and Weisbenner, S., "Neighbors Matter: Causal Community Effects and Stock Market Participation", *The Journal of Finance*, 2008, 63 (3).

Browne, M. J. and Kim, K., "An international analysis of life insurance demand", *Journal of Risk & Insurance*, 1993, 60 (4).

Campbell, J. Y. and Cochrane, J. H., "By Force of Habit: A Consumption-Based Explanation of Aggregate Stock Market Behavior", *Journal of Political Economy*, 1999, 107 (4).

Coate, S. and Ravallion. M., "Reciprocity without Commitment: Characterization and Performance of Informal Insurance Arrangements", *Journal of Development Economics*, 1993, 40 (1).

Crocker, K. J. and Snow, A., "The Efficiency Effects of Categorical Discrimination in the Insurance Industry", *Journal of Political Economy*, 1986, 94 (2).

Dehejia, R., DeLeire T. and Luttmer, E. F. P., "Insuring Consumption and Happiness through Religious Organizations", *Journal of Public Economics*, 2007, 91 (1).

Demarzo, P. M., Kaniel, R. and Kremer, I., "Diversification as a Public Good: Community Effects in Portfolio Choice", *The Journal of Finance*, 2004, 59 (4).

Dionne, G. and Eeckhoudt, L., "Insurance and saving; some further results", *Insurance Mathematics and Economics*, 1982, 3 (2).

Duflo, E. and Saez, E., "Participation and Investment Decisions in a Retirement Plan: the Influence of Colleagues' Choices", *Journal of Public Economics*, 2000, 85 (1).

Ehrilch. I. and Becker, G. S., "Market insurance, self-insurance and self-protection", *Journal of Political Economy*, 1972, 80 (4).

Ellison, G. and Fudenberg, D., "Word of Mouth Communication and Social Learning", *Quarterly Joural of Economics*, 1995, 110 (1).

Erickson, B. H., Nosanchuk, T. A., Mostacci, L. and Dalrymple, C. F., "The flow of crisis information as a probe of work relations", *Canadian Journal of Sociology*, 1978, 3 (1).

Fafchamps, M. and Lund, S., "Risk-sharing Networks in Rural Philippines", *Journal of Development Economics*, 2003, 71 (2).

Fama, E. F. and Jensen, M. C., "Agency Problems and Residual Claims", *Journal of Low and Economics*, 1983, 26 (2).

Fama, E. F. and Jensen, M. C., "Separation of Ownership and Control", *Journal of Law and Economic*, 1983, 26 (2).

Fine, B., "It Ain't Social, It Ain't Capital and It Ain't Africa", *Systematics & Geography of Plants*, 2001, 69 (1).

Fischer, S., "A life cycle model of life insurance purchases", *International Economic Review*, 1973, 14 (1).

Friedman, M. and Savage, L. J., "The Utility Analysis of Choices Involving Risk", *Journal of Political Economic*, 1948, 56 (4).

Georgarakos, D. and Pasini, G., "Trust Sociability and Stock Market Participation", *Review of Finance*, 2011, 15 (4).

Gould, J. P., "The Expected Utility Hypothesis and the Selection of Optimal Deductibles for a Given Insurance Policy", *Journal of Business*, 1969, 42 (2).

Granovetter, M., "Economic Action and Social Structure: The problem of Embeddedness", *American Journal of Sociology*, 1985, 91 (3).

Granovetter, M., "The Strength of Weak Ties", *American Journal of Sociology*, 1973, 78 (6).

Guiso, L., Sapienza, P. and Zingalea, L., "Does Culture Affect Economic Outcomes?", *Journal of Economic Perspectives*, 2006, 20 (2).

Guiso, L., Sapienza, P. and Zingalea, L., "The Role of Social Capital in Financial Development", *American Economic Rewiew*, 2004, 94 (3).

Guiso, L., Sapienza, P. and Zingalea, L., "Trusting the Stock Market", *Journal of Finance*, 2008, 63 (6).

Helliwell, J. F. and Putnam, R. D., "Economic Growth and Social Capital in Italy", *Eastern Economic Journal*, 1995, 21 (3).

Hemenway, D., "Propitious Selection in Insurance", *Journal of Risk and Uncertainty*, 1992, 5 (3).

Holmstrom, B., "Moral Hazard and Observability", *Bell Journal of Economics*, 1979, 10 (1).

Hong, H., Kubik, J. D. and Stein, J. C., "Social Interaction and Stock Market Participation", *Journal of Finance*, February, 2004, 59 (1).

Kahaneman, D. and Tversky, A., "Prospect theory: An analysis of decisions under risk", *Econometrica*, 1979, 47 (2).

Kami, E. and Zilcha, I., "Uncertain lifetime risk aversion and life insurance", *Scandinavian Actuarial Journal*, 1985 (2).

Knack, S. and Keefer, P. , "Does Social Capital have an Economic Payoff? A Cross-country Investigation", *Quarterly Journal of Economics*, 1997, 112 (4).

Knack, S. and Zack, P. J. , "Trust and Growth", *Economic Journal*, 2001, 111 (470).

Leibenstein, H. , Bandwagon, Snob and Veblen, "Effects in the Theory of Consumers' Demand", *The Quarterly Journal of Economics*, 1950, 64 (2).

Lewis, F. D. , "Dependents and the Demand for Life Insurance", *American Economic Review*, 1989, 79 (3).

Lie, J. , "Embedding Polanyi's Market Society", *Sociological Perspectives*, 1991, 34 (2).

Lochner, K. , Kawachi, I. and Kennedy, B. P. , "Social capital: a guide to its measurement", *Health & Place*, 1999, 5 (4).

Manski, C. F. , "Economic Analysis of Social Interaction", *Journal of Economic Perspectives*, 2000, 14 (3).

Mayers, D. and Smith, C. W. , "The Interdependence of Individual Portfolio Decisions and the Demand for Insurance", *Journal of Financial Economics*, 1983, 91 (2).

Mossin, J. , "Aspects of rational insurance purchasing", *Journal of Political Economy*, 1968, 76 (4).

Neil, A. D. and Harris, S. , "Optimal Insurance in Incomplete Markets", *Journal of Political Economy*, 1983, 91 (6).

Outreville, J. F. , "Life insurance markets in developing countries", *Journal of Risk Insurance*, 1996, 63 (2).

Porta, R. L. , Shleifer, A. and Vishny, R. W. , "Trust in large organization", *American Economic Review*, 1997, 87 (2).

Portes, A. , "Social Capital: Its Origins and Applications in Modern Sociology", *Annual Review of Sociology*, 1998, 24 (1).

Putnam, R. D. , "Turning in, Turning Out: the Strange Disappearance of Social Capital in America", *Political Science and Politics*, 1995, 28 (4).

Robinson, J. P. and Levy, M. R., "Interpersonal communication and news comprehension", *Public Opinion Quarterly*, 1986, 50 (2).

Rothchild, M. and Stiglitz, J., "Equilibrium in Competitive Insurance Markets: The Economics of Markets With Imperfect Information", *Quarterly Journal of Economics*, 1976, 90 (4).

Rubinstein, A. and Yaari, M. E., "Repeated Insurance Contracts and Moral Hazard", *Journal of Economic Theory*, 1983, 30 (1).

Scheinkman, J. A., "Social Interactions (theory)", *Journal of Freshwater Biology*, 2008, 52 (4).

Seog, S. H., "Strategic Demand for Insurance", *Journal of Risk and Insurance*, 2010, 73 (2).

Smith, V. L., "Optimal insurance coverage", *Journal of Political Economy*, 1968, 76 (1).

Spence, M. and Zeckhauser, R., "Insurance, Information and Individual Action", *American Economic Review*, 1971, 61 (2).

Stiglitz, J. E., "Some Lessons from the East Asian Miracle", *The World Bank Research Observe*, 1996, 11 (2).

Waldinger, R., "The 'Other Side' of embeddedness: a case study of the interplay between economy and ethnicity", *Ethnic & Racial Studies*, 1995, 18 (3).

Yaari, M. E., "Uncertain lifetime, life insurance, and the theory of the consumer", *Review of Economic Studies*, 1965, 32 (2).

后　记

　　本专著是国家社会科学基金"社会资本对农村居民社会养老保险参与行为影响研究"（项目编号：13CRK004）的结题成果。

　　为化解农村地区日益严重的老龄化问题，2014年，国务院发布《国务院关于建立统一的城乡居民基本养老保险制度的意见》，在全国建立统一的城乡居民基本养老保险制度，成为我国解决农民养老问题的重要制度安排。城乡居保制度为我国农民提供了养老保障制度，使农民老有所养，是我国社会保障制度发展历程中的重大事件。然而，在农民自愿参加的原则下，制度实施中面临农民有限参与的问题。中国共产党十九大报告提出，加强社会保障制度体系建设，全面实施全民参保计划。在全面实施全民参保战略之下，研究农民参保行为制约因素对有关部门采取相应措施突破农民有限参与困境，提升参保数量和质量，扩大制度覆盖面，实现制度可持续发展，具有重大的现实意义。已有研究比较多的从经济和制度因素出发分析参保行为的影响因素，较少关注社会资本这种非正式制度、非经济因素的影响。基于上述思考，拙著从社会资本理论视角分析农民参保行为的影响因素，实证分析社会资本对农民参保行为的影响，对农民参保行为给出一个非经济因素的解释，从社会资本理论视角提出激励农民参保行为的政策建议。本书的完成得益于国家社会科学基金"社会资本对农村居民社会养老保险参与行为影响研究"研究团队的共同努力。吴玉锋副教授统筹了全书的框架和具体的写作工作，刘军伟教授是项目团队的主要成员，硕士生周小兵参与了相关内容的写作。硕士生王新会、周嘉星、边佳莉、吴倩倩、李德权，本科生马骁为本书的校对做出了贡献。

本书的出版要感谢西北大学出版基金的资助，感谢西北大学公共管理学院领导及同事的支持和帮助。感谢父母妻儿，他们是我温暖的港湾。

本书的出版要特别感谢中国社会科学出版社刘艳编辑，刘老师已经是我第二本专著的责任编辑，我们虽尚未谋面，但她严谨负责的精神让我感动，她辛勤的工作保障了本书的顺利出版。

吴玉锋

2019年8月于西安